Hoe scalp ik de Mini- DAX-Future?

Heikin Ashi Trader

Inhoud

1. De EUREX introduceert de Mini-DAX-Future

Toen de Duitse derivatenbeurs Eurex op 28 oktober 2015 een mini-futures-contract op de DAX (symbool FDXM) introduceerde wou ik de heikin ashi scalping-methode natuurlijk ook hier toepassen. De heikin ashi-methode is een universele benadering die op alle markten kan worden ingezet. Maar toch bezit elke markt eigenaardigheden die je als trader beter eerst kunt leren kennen. Ik vind het altijd een mooie uitdaging om een nieuwe future te traden. En ik wil natuurlijk weten of ik in staat ben om de markt met mijn methode te verslaan.

Dankzij de introductie van de **Mini-DAX-Future** hebben particuliere beleggers met kleine rekeningen nu ook de mogelijkheid om de Duitse DAX-index tegen professionele condities te scalpen. Tot nu toe waren zij meestal gedwongen geweest andere markten te verhandelen. Ze konden ofwel op de valutamarkt terecht of op de Amerikaanse mini-futures zoals de E-mini of de mini-Dow. Maar deze instrumenten kunnen slechts op de Europese namiddag op een zinvolle manier worden verhandeld.

Het standaard-contract op de DAX, de FDAX, is voor de meeste particuliere beleggers en traders simpelweg te groot. Dit is bij een actuele DAX-stand van meer dan 10.000 punten (stand januari 2016) zeker het geval. De derivatenbeurs Eurex in Frankfurt is uiteindelijk tot dit inzicht gekomen en maakte in oktober 2015 de invoering van het mini-contract bekend.

De **contractwaarde** van het standaard-contract FDAX is 25 euro per indexpunt. Elke trader die een positie met een nauwe stop-afstand van 10 punten ingaat, riskeert al € 250 per contract. Dit kan men met een goed geweten eerst met een rekening van 25.000 euro doen, beter nog € 50.000. De Mini-DAX-Future kreeg een eigen contract-specificatie. De contractwaarde bedraagt hier slechts 5 euro per indexpunt. De Mini-DAX is dus slechts een vijfde van het standaard-contract groot.

De minimale prijsverandering is niet zoals bij het standaard-contract 0,5 punten, maar één indexpunt. Een trader die zijn positie met een stop van 10 punten beschermt, riskeert hier dus slechts 50 Euro. Mijns insziens kan hij dit met een rekening van € 5.000 proberen.

Door de minimale prijsverandering van één indexpunt is de Mini-DAX iets "duurder" dan de FDAX. Maar voor de mini wordt er slechts één derde van de **marge** vereist (waarborgssom die een handelaar op zijn rekening beschikbaar moet hebben om één enkel futures-contract te kunnen verhandelen). Momenteel is dit intraday 1750 Euro. De **exchange fee** is slechts 0,25 Euro per lot in plaats van € 0,50 op de FDAX.

Hoewel de Mini-DAX-Future nog een jonge markt is, werd hij wereldwijd door tal van handelaren met grote belangstelling verwelkomd. De Mini-DAX-Future oriënteert zich weliswaar op het bekende "grote" contract, de FDAX, maar de Eurex verwacht dat de belangstelling zal blijven groeien zodra dit instrument in de internationale trading-community meer aandacht krijgt. Stappen er meer "grote addressen" in, dan kunnen er uiteindelijk ook van de "Mini" impulsen voor de marktrichting uitgaan. Op afbeelding 1 ziet u een screenshot van het orderboek van 9 februari 2016.

Afbeelding 1: orderboek Mini-DAX-Future van 9 februari 2016

	8860	6
	8859	7
	8858	9
	8857	9
	8856	10
	8855	10
	8854	21
	8853	29
	8852	2
	8851	1
	1 @ 8850	
1	8849	
8	8848	
6	8847	
42	8846	
8	8845	
9	8844	
7	8843	
3	8842	
4	8841	
6	8840	

2. Voordelen van de handel in futures

Elke trader die deze naam waard is zou een blik op het futures-universum moeten werpen. Hij vindt hier de eerlijkste (en goedkoopste) instrumenten waarmee men in de financiële markten kan handelen. In tegenstelling tot tal van alternatieven worden futures op een gereglementeerde beurs verhandeld. Dit heeft vele voordelen, waarvan ik de belangrijkste wil opsommen.

Futures zijn contracten die door een derivatenbeurs worden uitgegeven. Er is dus een centrale markt waar deze contracten worden verhandeld. Zo kan men de Mini-DAX-Future bijvoorbeeld uitsluitend op de Eurex in Frankfurt verhandelen. Aangezien futures-markten sterk gereguleerd zijn, zijn ze ook 100% transparant. Elke marktdeelnemer heeft dezelfde informatie. Er zijn dus geen "market makers" die de koersen in een bepaalde richting kunnen stuwen.

Futuresmarkten beschikken veelal over hoge liquiditeit. De spreads (verschil tussen aan- en verkoopprijs) zijn dan ook denkbaar klein. Ook zijn de kosten in de futureshandel de laagste die u kunt vinden. Dit maakt futures voor een actieve belegger of handelaar het beste financiële instrument. De meeste professionele handelaren zult u derhalve op de futuresmarkten tegenkomen.

Dankzij de hoge liquiditeit zult u fenomenen zoals **slippage** (gebrek aan efficiëntie bij de uitvoering van orders) op een futures-beurs nauwelijks tegenkomen. Aangezien het volume hoog is, wordt uw order meestal onmiddellijk uitgevoerd. Dit geldt vooral ook voor stop-orders. Deze worden vrijwel altijd uitgevoerd tegen de prijs die u heeft gekozen. Slippage bij stops behoren tevens tot de "verborgen kosten" die u bij "alternatieve financiële instrumenten" zult zien.

Het belang van een goede uitvoering kan niet worden overschat, vooral voor scalpers. Als u binnen één seconde moet beslissen of u nu in de markt blijft of de positie onmiddellijk wilt sluiten, wilt u zich niet ook nog zorgen maken of het nu dit keer lukt of niet. Dit probleem zal u op een gereglementeerde futures-markt zoals de Mini-DAX-Future niet hebben. Zodra u met één klik via een marktorder in de markt wilt, wordt uw order uitgevoerd. Dit is een niet te onderschatten voordeel.

Hetzelfde geldt trouwens ook voor **limietorders**. Als u tegen een bepaalde prijs een limietorder heeft geplaatst, waarmee u een contract wilt kopen of verkopen, wilt u ook dat deze order uitgevoerd wordt zodra de markt dit prijsniveau heeft bereikt. Ook dit is geen uitgemaakte zaak bij de "alternatieve" instrumenten. Maar in een termijnmarkt zult u deze problemen zelden of nooit tegenkomen. Uw limiet-order wordt uitgevoerd.

Alle orders en hun uitvoeringsprijs worden ook geregistreerd. U kunt deze gegevens onder **"Time & Sales"** in elke goede futures-platform bekijken. Time & Sales biedt een chronologisch overzicht van de totale aankoop en verkoopsactiviteit van een waarde. U krijgt hier dus een gedetailleerd inzicht in de transactie-geschiedenis. Daarmee heeft u als handelaar een zeer nauwkeurige kijk op de markt.

Een ander voordeel van de handel in futures is dat een future eigenlijk een heel eenvoudig instrument is. Aangezien het over een overeenkomst tussen twee partijen gaat, kunnen beleggers en handelaren zowel **long** (kopen) als ook **short-posities** (verkopen) openen. Beide partijen hebben geen bijkomende kosten; maar ze moeten een waarborg ter beschikking stellen. Dat is een vorm van verzekering, die **"initial margin"** heet.

Meestal gaat het slechts over een fractie van de contract-waarde. Gewoonlijk is dit een percentage (bijvoorbeeld 5%) of een vast bedrag. Voor de Mini-DAX Future wordt er momenteel € 1750 per contract gevraagd (januari 2016). Dit is de initial margin die een trader op zijn rekening moet hebben om ten minste één Mini-DAX- Future te kunnen verhandelen.

Wil een trader zijn contracten gedurende de nacht houden, dan is hij verplicht een **"overnight margin"** te garanderen. Deze is op dit ogenblik 4000 Euro. Zowel Intraday (initial) margin als ook overnight margin kan, indien nodig, door de beurs worden aangepast (meestal in tijden van verhoogde volatiliteit).

Bent u als trader houder van een long-positie (kopen) of een short-positie (verkopen), dan wordt deze uitstaande positie (die nog niet door een compenserende transactie geneutraliseerd is) een **open positie** genoemd (Exposure). Deze positie is dus aan risico onderhevig.

Aangezien u als trader van Mini-DAX-Futures geen commodity-markt verhandelt maar een aandelenindex, vindt de transactie plaats door een wederzijdse contractuele verplichting om een differentiëel bedrag te betalen (**cash settle-ment**). U krijgt dus niet de onderliggende waarde maar een geldsom.

Dit bedrag moet de houder van de gedaalde waarde aan de houder van de gestegen waarde betalen. Was uw inschatting van de marktontwikkeling correct, dan ontvangt u een geldsom. In het tegenovergestelde geval moet u een geldsom betalen. De houder van de kooppositie (long positie) sluit deze door de verkoop van een gelijk aantal termijncontracten op de markt. Dit heet **liquidatie** van de positie. Als houder van een verkooppositie (short-positie) kunt u uw positie alleen liquideren als u een gelijk aantal contracten op de markt koopt.

Let u echter steeds ook op de zogenaamde **expiratiedata** van termijncontracten. In tegenstelling tot tal van andere financiële producten zijn futures-contracten niet eindeloos. Er is een expiratiedatum. Meestal is dit voor de DAX-familie de derde vrijdag van de derde maand van elk kwartaal. Handelaren in Mini-DAX-Futures moeten dit evenement dus altijd in gedachten houden.

In de praktijk zult u merken dat de liquiditeit in de momenteel meest verhandelde futures een paar dagen voor het verstrijken afneemt en stijgt in de volgende futures. U kunt dan het beste wisselen en het volgende contract verhandelen. De expiratiedatum is dan ook vaak aan verhoogde volatiliteit en occasionele grillige bewegingen verbonden. In de traderstaal spreken we derhalve over de **"heksensabbat"**. Meestal is het verstandiger om op deze vrijdag van de handel af te zien.

Tot slot wil ik ingaan op de **hefboomwerking** van futures. Deze is aanzienlijk. Een handelaar moet de werking van het hefboomeffect beheersen. Bij wijze van voorbeeld bekijken we even de koop van één Mini-DAX-Future bij een DAX-stand van 10.000 punten.

Mini-DAX-Future stand: 10.000 punten

Contractwaarde: 5 Euro per Mini-DAX-punt

Contractwaarde bij 10.000 punten: 50.000 Euro

Vereiste margin: 1750 Euro

Hefboom: 50.000 / 1750 = 28,57

Dit betekent dat als u een Mini-DAX-Future koopt, u meer dan 28 keer uw initial margin beweegt. Met name € 50.000. Toch is dit duidelijk minder dan wanneer u een standaard-contract koopt (1 FDAX: waarde € 250.000). Met een grote hefboomwerking kan een trader zijn kapitaal snel vermenig-vuldigen, maar het omgekeerde geldt natuurlijk ook.

Sluit u bijvoorbeeld uw positie met een verlies van 10 punten in de Mini-DAX-Future, dan heeft u € 50 minder op uw re-kening. Dat klinkt misschien nog redelijk maar op basis van uw initiële marge van € 1.750 betekent dit een verlies van 2,85%. Het is daarom van essentieel belang dat u volledig op de hoogte bent over de kansen en risico's in de handel met Mini-DAX-Future.

Aangezien de initiële marge slechts 1750 euro is, kunt u met een account van 2000 euro intraday één future futures ver-handelen. Ik zou het toch afraden. U bezit in dit geval slechts een resterende kassaldo van 250 euro. Verliest u met een stopafstand van 10 punten vijf keer op een rij, dan kunt u geen contract meer kopen. Tenzij u bijsstort, natuurlijk.

Ik hoop dat u begrijpt dat dergelijke omstandigheden onno-dige stress veroorzaken. Meestal verliest u dan eerder dan dat u wint (ik spreek uit eigen ervaring). Daarom is mijn advies: heeft u slechts € 2.000 ter beschikking op uw trading-account, wacht dan nog even voor u met de handel begint. Zinvolle handel in de Mini-DAX-Future begint in mijn ogen vanaf een saldo van 5.000 euro.

3. De heikin ashi-grafiek

Om op ultra korte termijn te scalpen gebruik ik de **heikin-ashi-grafiek**. Dit grafiektype heeft verschillende voordelen. De trend is door de visuele afvlakking van de koersen beter herkenbaar (in tegenstelling tot bijvoorbeeld candlesticks). De sterkte van de trend is door de grootte van de kaarsen en het optreden van schaduwen onder of boven het kaarslichaam tevens goed te zien. Als u meer wilt weten over heikin ashi-grafieken kunt u een kijkje nemen op een speciale website die ik over dit thema heb ingericht. U vindt de site hier: http://www.heikin-ashi.net/

Met andere woorden, de heikin ashi-grafieken illustreren het onevenwicht tussen vraag en aanbod zeer goed en tonen de draaipunten dankzij de wissel van kleur op de grafiek overduidelijk. Daardoor zijn ze een uitstekend middel om de kapitaalstromen in de markten te identificeren. Het onderstaande voorbeeld uit de Mini-DAX-Future illustreert dit gegeven.

Afbeelding 2: Mini-DAX-Future in de heikin ashi-grafiek-representatie

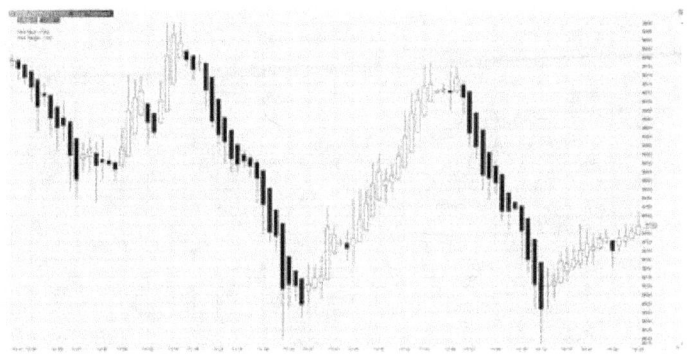

Handelaren vragen me vaak of ik mijn methode met bepaalde indicatoren combineer. Het antwoord op die vraag is nee. De heikin ashi-grafiek is in principe al een soort indicator. Hij is grafiektype en indicator in één. Ik heb dus geen extra indicator nodig als filter voor mijn signalen.

Natuurlijk kunt u voor uw handelssysteem aanvullende indicatoren of zelfs andere grafiektypes toevoegen. Ik ben echter van mening dat elke filter die u aan uw systeem toevoegt, de handelsbeslissing bemoeilijkt. Het is mijn intentie om mijn scalping-methode zo eenvoudig als mogelijk te houden. De scalper oefent op deze manier door observatie bepaalde patronen die hij vroeg of laat bijna onbewust herkent en in goede trades omzet.

4. Wat is scalping?

Een scalper probeert van minimale prijsbewegingen in de markt te profiteren. Zijn transacties zijn meestal van korte duur. Dit kunnen een paar minuten zijn, maar soms ook een paar seconden. Sommige "extreme" scalpers voeren dagelijks honderden transacties door.

Omdat het koersdoel van een scalper klein is moet ook het risico minimaal blijven. Scalpers werken meestal met zeer nauwe stops. In tegenstelling tot daghandelaren en swingtraders die een **risico-reward ratio** (kans-risico-verhouding) van ten minste 1:2 voor een trade vooropzetten (de winstkans moet dus twee keer zo hoog zijn als het risico) werken scalpers vaak met een risk-reward ratio van 1:1. De **hitrate** (slagingspercentage) moet daarom boven de 50% liggen om winstgevend te kunnen handelen.

Aangezien het risico zeer beperkt is bij deze trading-stijl (soms maar 5 tics) kunnen scalpers met veel grotere posities traden dan een daghandelaar. Een scalper haalt meestal slechts weinig punten uit een trade, maar dankzij de positie-grootte kan de winst omgerekend in euro's aanzienlijk uit-vallen.

5. Wat is het voordeel van een scalper?

Een scalper heeft oneindig veel meer mogelijkheden (opportuniteiten) dan bijvoorbeeld een positietrader. Omdat de risk-reward ratio van 1:1 zeer laag is, halen vele scalpers met hun methode een relatief lage **payoff ratio** (gemiddelde winst in verhouding tot het gemiddelde verlies).

Dit wordt gecompenseerd door het grote aantal transacties dat de scalper uitvoert. Dit noemt men de **opportuniteitsfactor.** Deze is de sterke kant van deze trading stijl. Dit betekent: een scalper kan zijn kapitaal veel effectiever beheren en dus een veel groter rendement realiseren dan normale traders. Het zijn de vele mogelijke trades die een technisch geöriënteerde trader niet doet, omdat ze niet voldoen aan zijn criteria.

We illustreren dit even met een voorbeeld. Een dalende koers bereikt het vooropgezette steunniveau van een daytrader net niet en draait weer naar boven. De trader doet dus de trade niet omdat zijn koopprijs, zijn limiet, niet werd bereikt. Hij gaat dus niet mee met de flow van de markt, maar wacht af en kijkt toe. Hij wacht onder omstandigheden de hele dag aangezien de koersen niet meer terugkomen (en zijn mooie steunlijn raken). En nu is er een nieuwe opwaartse beweging begonnen die een echte trend wordt. Urenlang gaat het naar boven, krachtig en zonder noemenswaardige pullbacks.

Kent u dit fenomeen?

Op die manier ontgaan de technische trader natuurlijk hoge winsten, die hij had kunnen realiseren indien hij deze opportuniteit, ondanks een ontbrekend technisch setup, had waargenomen. Zo gezien zijn **opportuniteitskosten** (het niet verhandelen van trading-kansen) veel hogere kosten dan alle commissies en verliezers tesamen.

Vaak profiteert de technisch georiënteerde trader niet van opportuniteiten die elke dag op de beurs bijna voor het grijpen liggen. Hij doet de trades niet, omdat ze niet voldoen aan zijn criteria. Maar de markt luistert niet naar de criteria van de trader. **De markt bezit geen criterium**. De markt is een complex gebeuren dat zeer gevoelig op tegenstrijdige en veelvuldige invloeden reageert.

De geoefende scalper echter, die niet op basis van de technische analyse handelt, kan een stuk uit deze tegenstrijdige bewegingen scalpen. Vermoedelijk zou hij deze markt steeds weer door longtrades hebben verhandeld.

<u>Hoe kan men een goede scalper worden?</u> Scalpen vergt heel wat werk en neemt tijd in beslag. Het verlangt voortdurende oefening en een hoge vorm van concentratie. Je zou het goed met het spelen van een muziekinstrument kunnen vergelijken of met topsport. Als daytrading al heel wat concentratie van een trader vergt, dan moet men dus bij scalpen bijna van een kunst gewag maken. En een kunstenaar moet regelmatig oefenen.

De bewuste oefening van dit "instrument" verandert op den duur de fysiologie van de hersenen. Door de voortdurende herhaling van bepaalde verrichtingen wordt een sterkere **myelinisatie** in bepaalde delen van de hersenen veroorzaakt. Dit fenomeen zorgt ervoor dat boodschappen (zenuwimpulsen) sneller worden doorgestuurd.

Om dit te verduidelijken: bij multiple sclerose bijvoorbeeld wordt myeline in het centraal zenuwstelsel aangetast waardoor de overdracht van boodschappen moeilijker wordt en uiteindelijk helemaal stopt.

Door bewuste oefening gaat de boodschapoverdracht veel sneller dan normaal. Bij een zenuw met een radius van één micrometer gebeurt de overdracht in twee meter per seconde. Door maximale myelinisatie kan deze snelheid vijftigmaal beter verlopen. Dit resultaat is natuurlijk de voorwaarde voor elke snelle beweging of reactievermogen die ons bekend is. Dat dit van cruciaal belang is voor topmusici, topsportmensen en .. voor scalpers hoeft bijna niet worden gezegd.

Bovendien herkennen top-performers met heel wat uren ervaring patronen en indicaties die voor het oog van de minder geoefende verborgen blijven. Deze mensen "weten" quasi meer dan de anderen of ze bezitten een diepere **"domain-expertise"** zoals wetenschappers het noemen. Top-traders weten bijvoorbeeld beter dan de anderen wanneer men moet traden en wanneer men beter uit de markt blijft.

6. Basis-setup van de heikin ashi-scalping-methode

Ik wil graag via een voorbeeld mijn setup voorstellen dat ik gebruik om de Mini- DAX-Future te verhandelen.

Afbeelding 3: Mini-DAX-Future, 1-minuut-grafiek

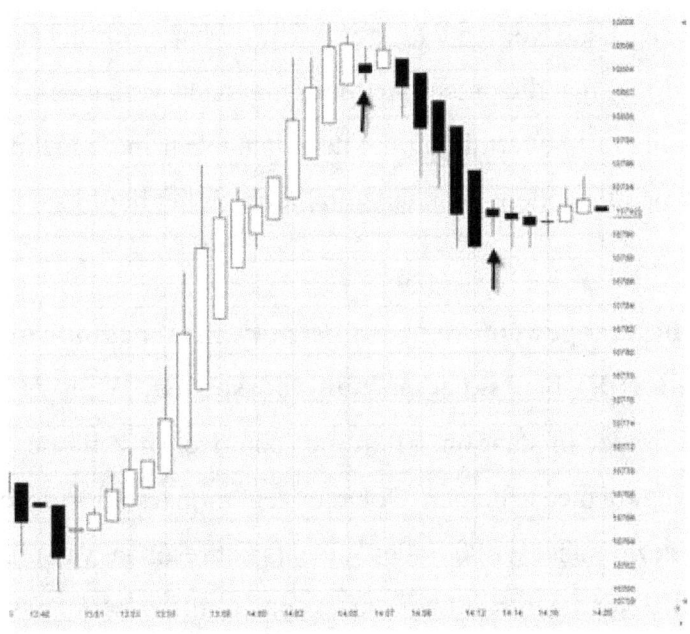

We zien op de linkerkant van de grafiek (afbeelding 3) een stijgende trend. Dit wordt zichtbaar gemaakt door witte heikin ashi-kaarsen. Veel handelaren willen natuurlijk van dergelijke trends profiteren en investeren veel tijd en middelen om dergelijke trend-bewegingen te identificeren.

Het behoort nu tot de belangrijkste principes van mijn handelsfilosofie, dat de trader deze bewegingen gewoon niet kan voorspellen, hoe wenselijk dit ook moge zijn. Elke trader die 's avonds de grafieken van de markten bestudeert die hij op die dag heeft verhandeld, trekt zich de haren uit het hoofd waarom hij al die prachtige trends niet heeft verhandeld. Het is mijn vaste overtuiging dat deze handelaar in de toekomst ook op alle andere avonden zijn haren uit het hoofd zal trekken.

Er bestaat gewoonweg geen betrouwbare methode of indicator die beurskoersen kan voorspellen. Weliswaar is elke trader in staat om af en toe een deel of zelfs de hele beweging mee te nemen. Ook hier zegt mijn trading-filosofie dat deze "succesvolle trades" slechts het resultaat van toeval zijn. Want tegenover elke succesvolle trade staan talloze onsuccesvolle. Voor wat er in afbeelding 3 links op de grafiek gebeurt, bestaan er in mijn ogen geen betrouwbare instrumenten die deze koersbeweging kan anticiperen, laat staan voorspellen.

Maar wat echter op de rechterzijde van afbeelding 3 (de dalende tegenbeweging, gevisualiseerd door de zwarte kaarsen) gebeurt, kan heel goed worden verklaard in de zin van **het derde Newtoniaanse axioma**. Deze wet beschrijft het interactie-principe, ook wel het reactieprincipe genoemd. Dit betekent dat krachten steeds in paren optreden.

Oefent lichaam A op een ander lichaam B een kracht uit (actie), dan werkt een gelijke maar tegengestelde kracht van lichaam B op het lichaam A (reactie). Dit interactie-principe komt overeen met het zogenaamde behoud van impulsen in gesloten systemen. Het behoud van een impuls is één van de belangrijkste wetten in de fysica. Deze verklaart dat de totale impuls in een gesloten systeem constant blijft. Met deze wet kan men bijvoorbeeld het gedrag van de **newtonpendel** (zie afbeelding 4) begrijpen.

Afbeelding 4: newtonpendel

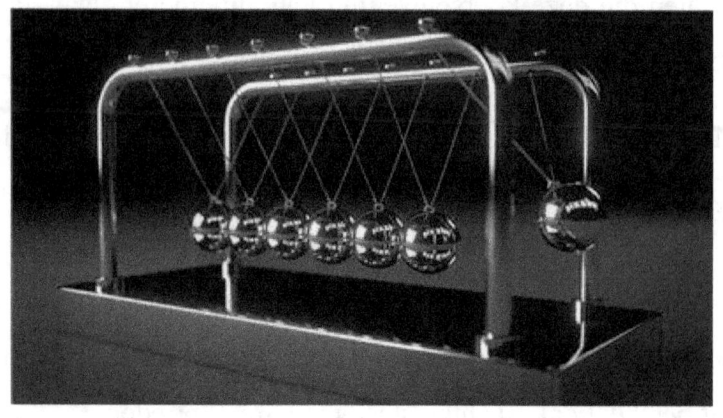

Met betrekking tot de beurskoers in afbeelding 3 betekent dit dat als ik een duidelijke beweging (opwaartse trend, witte kaarsen) op de grafiek vaststel **(actie)** ik bijna altijd van een tegenbeweging **(reactie)** op de vorige beweging kan uitgaan. Met andere woorden: de opwaartse trend heb ik verzuimd, omdat ik hem niet betrouwbaar kon voorspellen. Als deze beweging helder en duidelijk, en vooral groot genoeg is, kan ik een overeenkomstige tegenbeweging (correctie) verwachten. Dit is voor mij als scalper interessant, omdat ik deze tegenbeweging kan verhandelen.

Aan **volgende voorwaarden** moet worden voldaan:

1. De voorafgaande beweging moet groot genoeg zijn! In de huidige Mini-DAX-Future (Stand 10.000 punten) zijn dat ten minste 15-20 punten.

2. Er moet een aanzienlijke verzwakking van het momentum in de voorafgaande beweging herkenbaar zijn (de kaarsen worden kleiner en/of vormen geen nieuwe highs/lows meer).

3. Er moet een vorm van top- of bodemformatie opduiken. Dit kunnen lange schaduwen onder (in dalende trends) of boven de kaarsen (in een stijgende trend) zijn. Of aan het einde van de beweging duiken **dojis en spinning tops** op.

Afbeelding 5: Dojis en spinning tops

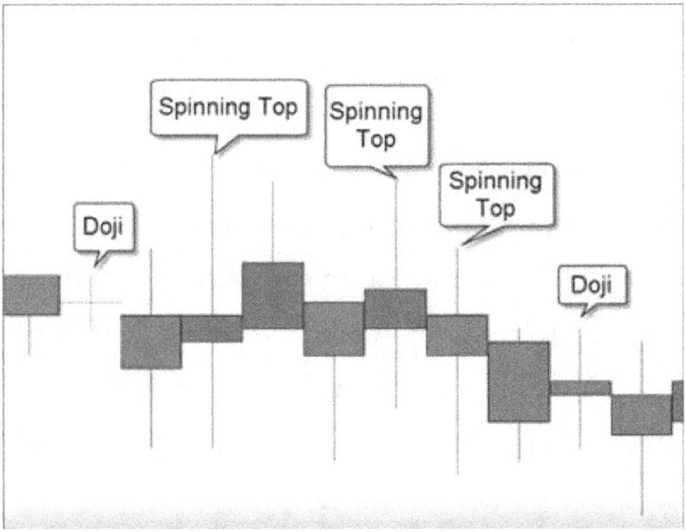

Afbeelding 5 toont enkele dojis en spinning tops. Dojis hebben geen of slechts een zeer klein lichaam met een kleine schaduw. Een doji ziet er vaak uit als een plusteken. Spinning tops worden gekenmerkt door lange schaduwen boven en/of onder het lichaam. Beide patronen geven een onzekerheid in de markt weer. Noch de beren en noch de stieren domineren de huidige marktactiviteit.

Als u nog even een kijkje neemt op afbeelding 3 zijn hier aan alle voorwaarden voor een heikin ashi counter-trade voldaan. De laatste witte candle vormde in vergelijking tot de vorige candle geen nieuwere high meer. Er duiken schaduwen boven de kaarsen op en er is een doji (pijl bovenaan) te zien.

Indien aan deze voorwaarden wordt voldaan, is voor mij het ogenblik gekomen om de tegenbeweging (reactie) te scalpen. Na de doji neem ik een **short-positie** in (pijl bovenaan afbeelding 3). Natuurlijk weet ik niet of dit de high van de voorgaande beweging was, maar er zijn in ieder geval een aantal belangrijke aanwijzingen dat na de "actie" met een "reactie" kan worden gerekend.

Mijn positie beveilig ik met een stop-loss-order die ik een beetje boven de high van de voorgaande beweging zet. Waarom precies daar? Indien de markt deze high onverwacht zou overwinnen, vervalt mijn setup. Op afbeelding 3 was mijn beoordeling van de markt correct. De Mini-DAX begon inderdaad weer te dalen, ten minste 5 kaarsen lang, of 5 minuten op de 1-minuut-grafiek.

7. entry-strategieën

Als ik met mijn basis set-up handel, dan werk ik niet met een koersdoel. Ik ga ervan uit dat de markt oneindig lang kan corrigeren (wat hij zo nu en dan doet). Ik wil zo lang in mijn short-positie blijven zolang de grafiek verder zwarte kaarsen met nieuwe lows produceert. Is dit het geval, dan is er geen enkele reden om de trade te beëindigen. En het is belangrijk dat de scalper af en toe erin slaagt zulke "homeruns" mee te nemen.

Op afbeelding 3 was dit echter niet het geval. Hier was de correctie na 5 kaarsen voorbij. We zien dat de markt geen diepere lows meer maakt en dat de volgende kaars een doji is (pijl onderaan op afbeelding 3). Voor mij is dit meestal een goede reden om de trade te sluiten.

Nu is de trade in afbeelding 3 een goed voorbeeld van een heikin ashi-counter-trade. De setup was duidelijk zichtbaar en de trade kon vlot worden uitgevoerd. Helaas is dit niet altijd het geval. De markt produceert dagelijks talloze patronen en bewegingen die geen duidelijke setup vormen zoals op afbeelding 3.

Dit is trouwens één van de problemen die beginnende handelaren hebben: hoe onderscheid ik **een goede setup** van een slechte? Dit is een punt waaraan veel te weinig of geen aandacht wordt besteed in de meeste beursliteratuur. Meestal presenteert de auteur zijn setup aan de hand van een "ideaal" voorbeeld. Dat dit ideale voorbeeld in de dagelijkse handel eerder zelden voorkomt, wordt dan bewust verzwegen. De auteur laat de handelaar aan zijn lot over.

Het gevolg is dat tal van traders, enthousiast over het setup van de auteur, dit nu overal in de markt gaan opzoeken en helaas op goed geluk handelen. De resultaten zijn dan overwegend negatief met het gevolg dat de trader deze setup vroeg of laat als onbruikbaar opgeeft. Om dit euvel tegen te gaan wil ik hier een aantal voorbeelden uit de Mini-DAX-Future tonen die in mijn ogen geen goede setups vertegenwoordigen, hoewel zij op het eerste gezicht formeel aan bovenstaande criteria voldoen.

Afbeelding 6: Mini-DAX-Future, 1-minuut-grafiek

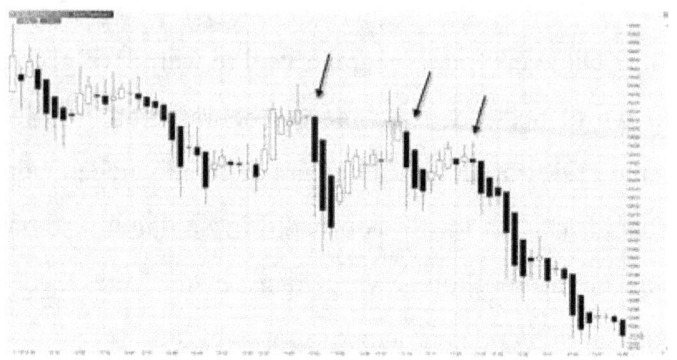

We zien op afbeelding 6 een duidelijke neerwaartse trend in de Mini-DAX-Future. In dit geval geef ik altijd de voorkeur aan short-posities. De drie pijlen duiden potentiële verkoop-signalen aan, waarvan ik weet dat sommige handelaren ze zouden verhandelen. Ik raad het echter af. Weliswaar stellen we ook hier voor elk short-signaal een opwaartse beweging vast, maar deze zijn veel te klein en onbeduidend om een counter-trend-trade te kunnen verantwoorden. De "actie" is als het ware te zwak om er een verhandelbare "reactie" van af te leiden.

Bij het **eerste signaal** (eerste pijl links) duikt weliswaar een doji op na de opwaartse beweging maar de eerstvolgende zwarte kaars omvat de volledige vorige beweging en gaat zelfs dieper. Wie deze zou hebben afgewacht zou tegen een zeer slechte prijs in de markt gestapt zijn en geconfronteerd worden met het feit dat de vorige beweging al afgewerkt is.

Het **tweede short-signaal** (pijl midden) komt na een opwaartse beweging die weliswaar "iets" groter is dan de vorige, maar hier moest op de eerste zwarte kaars worden gewacht om een geldig signaal te verkrijgen. Deze omvat echter tevens de voorafgaande beweging volledig. De "reactie" is reeds voorbij, nog voor de trader in de markt kan.

Het derde signaal zou inderdaad, in tegenstelling tot de vorige twee, tot winst hebben geleid, maar deze trade zou ik ook niet hebben doorgevoerd. De voorafgaande beweging is bijna onbestaande en beweegt zichzelf binnen de prijsomvang van het tweede signaal. Dat de markt dan toch verder is gedaald, had te maken met de dalende trend. Een handelaar die het derde "signaal" zou hebben gehandeld, zou de winst "door geluk" hebben gerealiseerd.

Geen enkele van deze drie signalen waren geldig indien we heikin ashi-scalping willen toepassen.

Afbeelding 7: Mini-DAX-Future, 1-minuut-grafiek

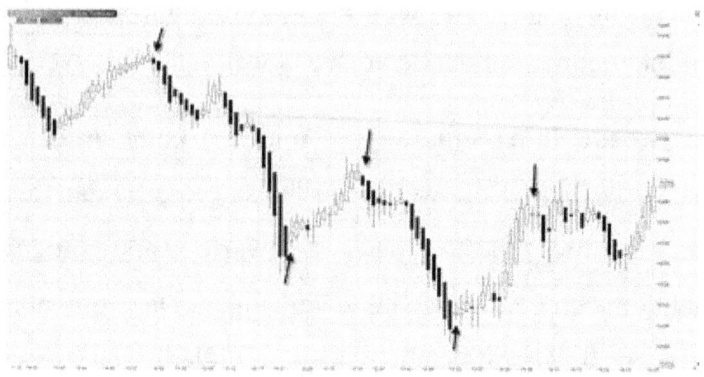

De signalen op afbeelding 7 zijn daarentegen wel degelijk goed verhandelbaar voor een scalper. Elke pijl op de afbeelding wijst op een instapmoment dat men verhandelen kon. Aan elk van deze entries ging er een duidelijke trend vooraf. Men kon na de verandering van kleur op de heikin ashi-grafiek met een handelbare tegenbeweging rekenen, die er ook kwam. Pas bij de vijfde pijl (rechts) werkte de setup niet. Hier werd de stop geraakt. Maar de trader kon met de vier voorgaande trades een flinke winst boeken.

Ik hoop dat het verschil tussen afbeelding 7 en 6 duidelijk is. Het is zinloos countertrends te verhandelen als de voorgaande bewegingen zoals in afbeelding 6 te klein zijn. Het is

36

daarom van essentieel belang voor het succes dat de handelaar het geduld opbrengt om alleen die markten te verhandelen die deze duidelijke setups vertonen. Is dit niet het geval, zoals op afbeelding 6, dan is het altijd beter om op uw handen te zitten en thee te drinken.

Afbeelding 8: Mini-DAX-Future, 1-minuut-grafiek

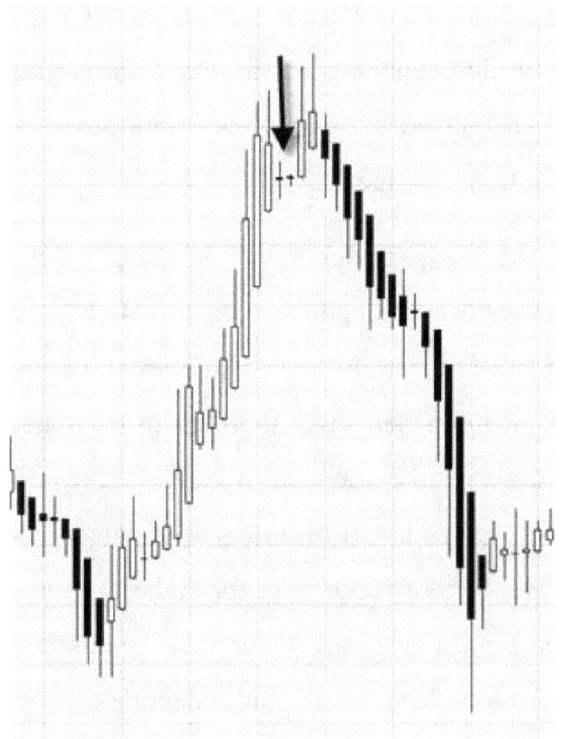

Aan het einde van dit hoofdstuk over entries wil ik nog op het bovenstaande voorbeeld (afbeelding 8) de aandacht vestigen. Hier zien we een setup die voldoet aan alle criteria. De "actie" is duidelijk en groot genoeg dat de trader met een verhandelbare tegenbeweging "reactie" kan rekenen. Nadat de opwaartse beweging ten einde ging, doken er twee dojis op (pijl bovenaan) die een evenwicht tussen stieren en beren visualiseren. Het verkoopssignaal was dus geldig, maar de trade bracht geen winst op omdat de markt even de high overwon en dus de stop-order raakte. Daarna ging het wel degelijk in de gewenste richting. De voorafgaande beweging werd volledig gecorrigeerd.

Dit soort van verliestrades moet een trader accepteren. Hij heeft de situatie correct geïnterpreteerd. Hij had een geldige setup geïdentificeerd. Hij heeft zijn stop op de juiste plaats geplaatst en is op het juiste moment in de markt gestapt. Maar de trade resulteerde toch in verlies. Elke ervaren handelaar zal u vertellen dat hij nog steeds woede voelt als dit gebeurt. Het behoort zeker niet tot de beste momenten van dit beroep om dit scenario steeds weer opnieuw te moeten beleven. En toch leert het de trader deemoed voor de markt te hebben. Het leert hem hoe belangrijk handelsregels zijn en dat het cruciaal is voor het overleven in de markt dat de handelaar zich consequent aan deze regels houdt. Men mag echter niet vergeten dat tegenover dergelijke "pech-trades" altijd een aantal "geluk-trades" staan, waarbij de trader ondanks slechte voorbereiding winst boekt. Ook dit is niet fair, maar het gebeurt.

8. Zijn re-entries nuttig?

Een belangrijke vraag die ik nog niet heb behandeld heeft betrekking op de zogenaamde **re-entries**. Er is over dit onderwerp slechts weinig informatie in de trading-literatuur te vinden, hoewel de kwestie van de re-entry de psyche van een trader centraal raakt.

Met een re-entry wordt het volgende bedoeld. Een positie werd min of meer "op een ongelukkige manier" uitgestopt (zoals in afbeelding 8). De handelaar is echter van mening dat de setup - na de eerste poging – nog steeds geldig is. Hij probeert het dus nog eens. De "pech-trade" in afbeelding 8 is een goed voorbeeld.

Na het short-signaal haalden twee witte kaarsen de vaste stop uit de markt. Zoals duidelijk te zien, ging het uiteindelijk dan toch in de gewenste richting. Een re-entry lijkt dus in dit geval logisch. Tenminste achteraf bekeken. Want de scalper kon ook bij een re-entry nog niet weten of de markt bij zijn tweede poging daadwerkelijk zou gaan dalen. Het voorbeeld op afbeelding 8 lijkt vandaar ook op een perfecte trade ondanks het feit dat de eerste poging mislukte. We weten echter dat dit eerder de uitzondering dan de regel is.

De vraag is nu: waarom wil de trader een re-entry proberen? De markt heeft hem net een lesje geleerd en hem getoond dat zijn inschatting verkeerd was. Als de markt u deze informatie geeft, waarom doet u dan alsof u het niet gehoord heeft en stapt u er nog eens in? Voorstanders van de re-entry zullen natuurlijk argumenteren: ja, maar de trade op afbeelding 8 zou bij een tweede poging uiteindelijk winst hebben opgeleverd. Dit is twijfelloos het geval en dit kan ook op andere plaatsen lukken.

En toch blijk ik zeer kritisch tegenover de re-entry staan omwille van een heel andere reden. Onafhankelijk van het gegeven of een aantal re-entries - statistisch gesproken - met succes kan worden uitgevoerd of niet, wekt de re-entry in de trader een eigenschap op die ik het liefst zou willen verbannen: **het gelijk willen krijgen**.

Een scalper, wiens stop net is geraakt en een minuut later op dezelfde plaats de zelfde positie ingaat, heeft naar mijn mening een probleem. Hij "luistert" niet echt naar de markt. Hij wil zijn trade, tegen beter weten in. Met andere woorden, hij verliest een stuk van zijn geestelijk evenwicht en zijn bedachtzaamheid. Maar hij verliest vooral het overzicht bij de selectie van potentiële goede trades. Men kan bij tal van scalpers die dit doen ook vaststellen dat het meestal niet bij de re-entry blijft. Vaak volgen een aantal trades waarvoor geen geldige voorwaarden bestonden. Bovendien worden deze trades dan vaak slecht beheerd.

De re-entry kan voor een andere handelsstijl een legitiem middel zijn om een positie te openen. Voor scalpers is dit mijns inziens niet het geval, omdat de snelheid en nauwkeurigheid van de uitvoering hier van cruciaal belang is. Bovendien vereist scalping een geconcentreerde instelling die je beter niet door dubieuze beslissingen verstoort.

9. Exit-strategieën

We hebben tot nu toe de volle aandacht gegeven aan entries. Entries zijn in scalping belangrijk. Zoals de voorbeelden hopelijk hebben aangetoond, komt het wel degelijk op de juiste timing en de juiste setup aan. Ik kon hopelijk aantonen dat een scalper zijn trades zorgvuldig moet kiezen. Het risico van **"overtrading"** (meer trades doen dan nodig) en het traden van ongeldige signalen uit verveling bestaat namelijk altijd.

Slaagt de scalper er nu in zijn trades met zorg te selecteren, dan moet hij tevens proberen om zijn openstaande posities op basis van zeer specifieke regels te beheren. Zodra de positie in de markt is, beweegt deze zich tussen de stop loss en het koersdoel.

Ik adviseer te scalpen **met een vaste stop** en niet met een **trailing-stop** (een stop die de prijsontwikkeling automatisch volgt). De reden is eenvoudig. Als u scalpt zult u af en toe volatiele bewegingen verkrijgen die tegen uw positie ingaan. Bij tal van deze bewegingen zou de trailing stop de positie uit de markt halen. Natuurlijk beoefent men ook op die manier een vorm van verlies-beperking. Winnende posities worden door een trailing-stop echter vaak te snel gesloten, wat op de lange termijn een negatieve invloed op uw winstgevendheid heeft.

Riskeert men niet dat de vaste stop tevens vaak wordt bereikt en dit dan tot het grootst mogelijke verlies leidt? Dit risico bestaat op elk moment. Toch heb ik geconstateerd dat dit meestal bij scalpers gebeurt die te veel "geduld" met verliesposities hebben. Scalpen is een snelle discipline. Het kan worden vergeleken met een vaardigheidsspel. Als een scalper op een 1-minuut-grafiek handelt, heeft het weinig zin bij een verliespositie die al vier minuten in de markt is te wachten tot de stop wordt geraakt. De scalper moet er alles aan doen om ervoor te zorgen dat dit precies niet gebeurt. De vaste stop kan worden beschouwd als een soort noodrem, die dient om het kapitaal van de scalper te beschermen.

De Scalper mag dus niet passief blijven indien een positie zich na een paar minuten niet in de gewenste richting ontwikkelt. Integendeel. Heeft hij na een paar minuten het gevoel dat de trade een verliezer wordt, dan moet hij onmiddellijk handelen. Hij moet de stop - als dit de marktomstandigheden nog toestaan - manueel dichter bij de instapprijs zetten of de positie beter onmiddellijk sluiten.

Het tweede geval vergt een zekere rigueur die met toenemende ervaring kan worden geleerd. Deze is echter noodzakelijk om het verlies zo klein als mogelijk te houden. Daarom adviseer ik om niet te werken met ruime, maar met zeer nauwe stops.

De reden is eenvoudig. Als scalper ben ik onderworpen aan de genade van mijn timing. Zodra de positie openstaat wil ik dat de markt zo snel als mogelijk in mijn voordeel tendeert. Doet hij dit niet, of gaat hij zelfs in de tegenovergestelde richting, dan wil ik zo snel als mogelijk uit de markt. Ontwikkelt zich de koers in mijn voordeel, dan wil ik natuurlijk zo lang als mogelijk in de trade blijven.

Deze twee principes, die slechts door uitgebreide praktijk diep gewortelde gewoontes kunnen worden, vormen uiteindelijk de factoren die over succes of falen zullen beslissen. Helaas stel ik bij tal van scalpers precies het tegengestelde vast. Ze zijn oneindig geduldig met verliesposities en sluiten posities zodra er een miniwinst te behalen valt.

Het is dus belangrijk om posities die na een tijdje nog steeds in de min staan rigoureus te sluiten. Hoeveel tics moet de stop bij de Mini-DAX-Future van de instapprijs verwijderd staan? Deze vraag is niet altijd makkelijk te beantwoorden en natuurlijk hangt het af van het temperament van de handelaar of hij liever (bij een DAX niveau van 10.000 punten - maart 2016) zijn stop op 5 of 10 tics- of iets daar tussenin zet.

Ik zelf ben meer geneigd om voor 5 tics te kiezen omwille van de reden die ik hierboven heb genoemd. Ofwel gaat de markt onmiddellijk in de juiste richting of ik wil er uit. Mijn ervaring zegt me dat nauwe stops betere resultaten opleveren dan ruimere stops. Het belangrijkste argument tegen nauwe stops is natuurlijk de volatiliteit. In de huidige markt kan zich de DAX binnen de minuut gemakkelijk 10 punten of meer bewegen. Dit betekent dus twee keer mijn stop-afstand. Ik ontken dit feit niet. Een scalper die werkt met zeer nauwe stops zal vaak het slachtoffer van dergelijke snelle bewegingen tegen zijn positie worden. So what?

Verlies maakt deel uit van het spel. En als ik toch verliezers zal hebben en ik heb de keuze tussen een klein verlies of een groot verlies, dan kies ik toch liever een klein verlies. Het argument van de volatiliteit is er dus in mijn ogen geen.

Staat de defensie van de scalper er, dan is het tijd om zich met de aanval bezig te houden - of in de taal van de beurshandel met de **winstmaximalisatie**. En deze is zoals genoegzaam bekend het moeilijkste onderdeel van de vergelijking. Het besef dat men zijn verliezers zo klein als mogelijk moet houden rijpt relatief snel bij de aspirant-scalper. Zijn tradingresultaten leren hem dit snel.

Hoe men echter het maximum uit een trade haalt is een thema waaraan zelfs zeer ervaren handelaren steeds weer moeten werken. Dat is ook het mooie aan beurshandel. Niemand kan de toekomst voorspellen. Dat is de reden waarom we allemaal – veel ervaring of niet – telkens weer als beginners zijn als het gaat om de beoordeling van een toekomstige marktprijs. Ik wil het probleem met een eenvoudig voorbeeld illustreren:

Afbeelding 9: Mini-DAX-Future, 1-minuut-grafiek

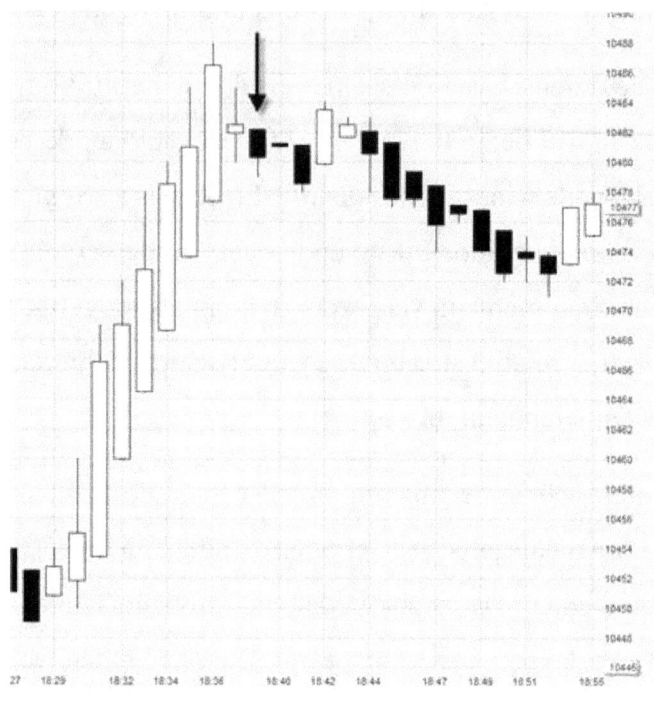

Kijkt u eens goed naar dit voorbeeld op afbeelding 9. Het illustreert het thema heel goed. We zien aan de linkerkant van de grafiek een duidelijke opwaartse trend, die goed was voor 38 punten in de Mini-DAX-Future. Na de high is de volgende candle een spinning top. Voor mij was er aan de voorwaarde voor een short-positie voldaan. De pijl bovenaan duidt de plaats aan waar ik short ga.

Eerst lijkt zich de positie in de gewenste richting te ontwikkelen. De volgende twee kaarsen zijn althans zwart, dus dalende prijzen. Maar de daaropvolgende kaars is helaas weer wit. Zoals u kunt zien staat de positie bij deze kaars onmiddellijk in het verlies. De trade scheen zich dus eerst in mijn voordeel te ontwikkelen, maar na drie minuten begon de markt weer te stijgen. Wat te doen? Als u naar de afbeelding kijkt, dan lijkt het antwoord overduidelijk: in de positie blijven. Want na de twee witte kaarsen volgen negen zwarte, waardoor de trade uiteindelijk succesvol zou zijn geweest.

Het probleem is toch dat u dit niet weet wanneer u in de positie bent en de eerste witte kaars verschijnt. Alles wat u weet is dat u een verkooppositie heeft en dat het nu tegen u in gaat. Deze situaties doen zich voortdurend voor wanneer u scalpt en het is belangrijk dat de scalper zich hier ook op duidelijke regels beroept. **De belangrijkste regel bij heikin ashi-scalping luidt: blijf in de positie zo lang als de kleur van de kaarsen niet verandert.**

In dit voorbeeld ben ik short, dus hoop ik op meer zwarte kaarsen. Duikt er nu een witte kaars op, dan betekent dit dat de kopers voor de periode van deze kaars de controle overnemen. Natuurlijk weet ik niet of de volgende kaars misschien weer zwart zal zijn en deze ene kaars een uitzondering blijft. Aangezien ik dit niet weet, adviseer ik bijgevolg de positie te sluiten.

Dit klinkt misschien heel streng, maar ik wil de hoofdregel volgen. In het voorbeeld hierboven zou mijn inschatting dus "fout" geweest zijn. Tenslotte daalde de markt verder. Desondanks adviseer ik de positie in deze situatie te sluiten. Niets kan mij garanderen dat er na de eerste witte kaars niet verdere volgen. Het is in mijn ogen beter een klein verlies van 1-2 tics te accepteren, dan de positie langer te houden met het risico dat de stop wordt geraakt.

Maar wie afbeelding 9 nader onderzoekt, merkt dat er iets mis is met de correctie die we willen shorten. Na de entry (zwarte pijl bovenaan), komt er een kaars die er eigenlijk geen is. En de volgende overtuigt al helemaal niet. Deze kaars vormt weliswaar een verdere "low", maar er komt niet echt een neerwaarts momentum op, zeker als u de grootte van de zwarte kaarsen met de grootte van de witte kaarsen van de vorige opwaartse trend, waaraan we ons oriënteren, vergelijkt.

De markt geeft wel vaker dergelijke hints. Hij lijkt te suggereren: ja, nu is er inderdaad een kleine correctie aan de gang, maar weldra hervatten we de opwaartse beweging weer. Het is daarom van groot belang dat de scalper de omvang en de dynamiek van de kaarsen met elkaar vergelijkt. In afbeelding 9 overtuigen de witte kaarsen van de opwaartse beweging duidelijk meer dan de zwarte kaarsen van de correctie.

Afbeelding 10: Mini-DAX-Future, 1-minuut-grafiek

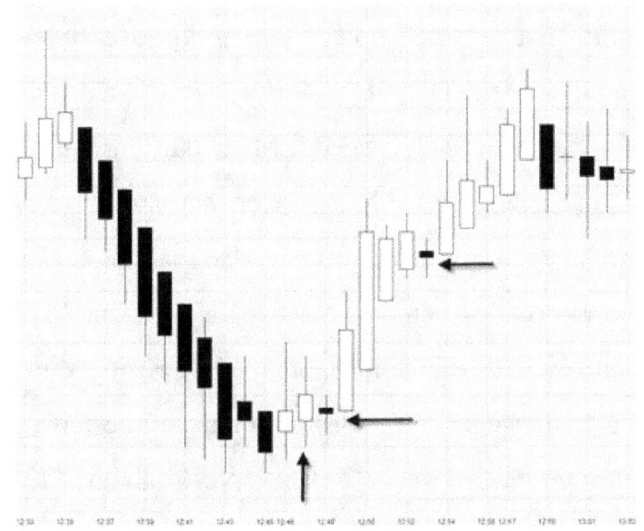

Op afbeelding 10 hebben we ook een interessante situatie. Stel dat ik na de neerwaartse trend van de linkerkant van de grafiek bij de zwarte pijl onderaan long was gegaan (verticale pijl onderaan). De volgende candle is een doji (onderste horizontale pijl). Wat doe ik in dit geval? Volg ik mijn eigen strenge regels dan moet ik er uit! Maar in dit geval brengt me de doji nog niet in nood. De kaars is klein. De twee voorgaande witte kaarsen overtuigen nog niet echt, maar in dit geval zou ik me in eerste instantie aan de positie vasthouden. Ik zou mijn stop wel iets dichter bij de instapprijs schuiven.

Tenslotte wijst deze doji op een kortstondige terughoudendheid van de kopers. De volgende twee witte kaarsen overtuigen dan wel, vooral de tweede. Maar dan vormen de volgende twee geen nieuwe highs meer, dat is op zich al twijfelachtig in een "opwaartse trend". Alsof dat nog niet genoeg is, duikt er ook nog een doji op (tweede horizontale pijl). In dit geval zou ik de winst meenemen en de positie sluiten. De markt is weliswaar dan toch nog 5 kaarsen gestegen, maar dat kon men na de tweede doji niet verwachten. Niettemin illustreert dit voorbeeld hoe moeilijk het soms is om de hele beweging mee te nemen.

Vooral bij een aarzelend momentum, zoals in dit voorbeeld op afbeelding 10, zijn er te veel onzekerheden die de trader doen twijfelen. Ik zelf heb de neiging om in geval van twijfel de positie snel te sluiten. Natuurlijk leert de markt me dan vaak een lesje. Maar scalpen is geen geduldsspel zoals bijvoorbeeld trendfollowing. Wanneer u scalpt wordt u voortdurend gevraagd om een beslissing te nemen. Soms is deze juist en soms niet, zoals in afbeelding 10. Hier zou ik langer in de trade hebben moeten blijven.

En toch, veel belangrijker dan de punten die verloren zijn gegaan in dit voorbeeld lijkt mij de vaardigheid als scalper in elke marktsituatie een duidelijke keuze te maken. Want soms zal je deze vaardigheid ook tegen groter verlies beschermen. In totaal heft de verloren winst het niet opgebouwde verlies op. De werkelijke winst wordt dan gerealiseerd in trades zoals op afbeelding 11.

Afbeelding 11: Mini-DAX-Future, 1-minuut-grafiek

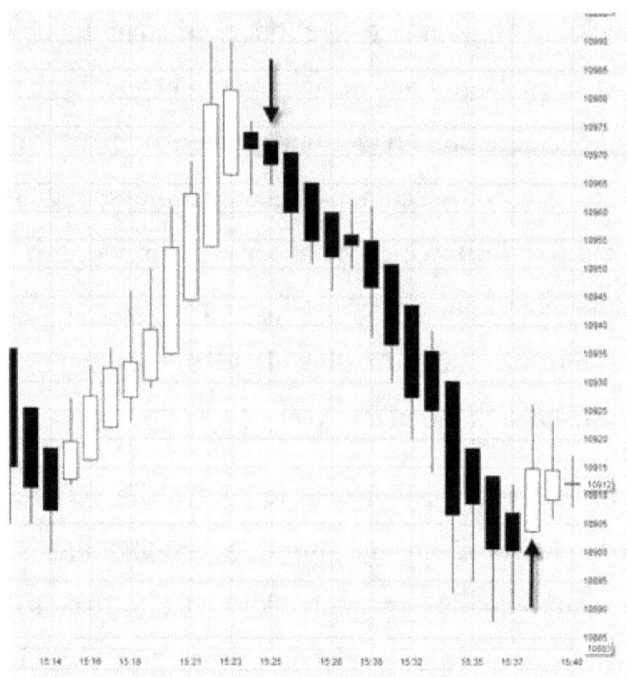

In dit voorbeeld (afbeelding 11) krijgt de scalper de "volle buit". Na de opwaartse beweging links op de grafiek gaat hij na de eerste zwarte candle short (pijl). Dit keer is de dalende trend duidelijk. De markt vormt de ene zwarte kaars na de andere. Pas nadat de volledige voorgaande opwaartse beweging werd gecorrigeerd, dook de eerste witte kaars op (pijl onderaan). Deze trade was goed voor 60 punten in de Mini-DAX-Future of 300 euro per contract.

Bekijken we de neerwaartse beweging in detail, dan zien we dat er op ongeveer hetzelfde niveau waarop de vorige opwaartse beweging begon schaduwen onder de kaarsen van de neerwaartse trend verschijnen. Dit is een waarschuwingssignaal. Kijk uit! Kopers! De vier schaduwen zijn duidelijk zichtbaar en ze suggereren het naderend einde van de dalende trend.

En inderdaad verscheen toen de eerste witte kaars. Hier moet de scalper zijn winst realiseren. En er zouden zelfs 5-10 tics meer winst mogelijk geweest zijn als de scalper erin slaagt om bij één van de kaarsen met een lange schaduw uit de markt te stappen. Deze paar punten meer zijn belangrijk. Natuurlijk kan de scalper wachten tot de eerste witte kaars verschijnt. Maar meestal geeft hij veel punten weer weg, als hij dit doet.

Het gaat er echter niet om om het einde van de huidige trend te anticiperen. Dan probeert de scalper weer de toekomst te voorspellen. Maar het is zeer belangrijk om eventuele signalen die de markt geeft te lezen en serieus te nemen. De vier schaduwen onder de laatste vier zwarte kaarsen waren duidelijke signalen dat de rit vermoedelijk ten einde was.

Bovendien had de markt al de volledige voorgaande beweging gecorrigeerd en was zelfs nog dieper gegaan. De kans
op een tegenbeweging (reactie) groeit met de minuut.

Afbeelding 12: Mini-DAX-Future, 1-minuut-grafiek

Afbeelding 12 is een klassieker. Na twee **spinning tops** en een **doji** komt de downtrend tot een einde (links op de grafiek) en de scalper krijgt een koopsignaal (pijl onderaan). Negen minuten lang steeg de markt tot de eerste zwarte kaars verscheen. Er volgden er nog twee (pijl midden). Voor mij volstaat de eerste zwarte kaars om de winst te nemen. Dit was immers goed voor 35 punten.

De drie zwarte kaarsen na de eerste koopgolf ontpopten zich dan als een klein voortzettingspatroon. Er zijn traders die naar dit patroon handelen en dus weer long gaan bij de eerste nieuwe witte kaars. Dit kan, maar het is niet in de lijn van de heikin ashi scalping-methode. Vergeet u niet: we handelen de reactie na de actie. We traden geen breakout na een voortzettingspatroon.

Het is zeer belangrijk om dit te benadrukken. Traden met voortzettingspatronen is natuurlijk een legitieme techniek, maar men moet begrijpen dat deze methode een andere **"trading-filosofie"** vereist. Bij deze techniek (handel met vlaggen, wimpels, consolidatiepatronen, enz.) zet de trader op trends. Hij gaat ervan uit dat een eenmalig geidentificeerde trend zich zal voortzetten. Dit gebeurt zo nu en dan, vooral op sterke trenddagen. Daarom werkt deze techniek het best op deze dagen.

Helaas zijn trenddagen eerder de uitzondering dan de regel. In het algemeen gaan de markten zijwaarts en beginnende trends worden gecorrigeerd. Dat is de reden waarom ik op de countertrend-techniek van het heiken ashi-scalping zet. Is het dan niet beter dat, als een trader een trenddag identificeert, hij zijn techniek verandert en nu naar voortzettingspatronen handelt? Deze vraag kan alleen maar individueel worden beantwoord. Ik wil even aanmerken dat het voor de meeste handelaren te veel is als ze gelijktijdig van meerdere technieken gebruik maken.

Meestal is het beter om één bepaalde techniek te beheersen. De resultaten bewijzen dit. Nadeel is natuurlijk dat een countertrend-trader op trenddagen meestal niet zo goed presteert. Maar dat behoort tot het spel.

10. Zijn meerdere koersdoelen nuttig?

Een hot topic, ook onder scalpers, is het gebruik van meerdere koersdoelen. Bij deze techniek probeert de handelaar niet één koersdoel maar verscheidene uit te maken. Dit kan natuurlijk alleen als hij met tenminste twee contracten handelt. In de Mini-DAX-Future zou dit kunnen betekenen dat bijvoorbeeld het koersdoel voor het eerste contract bij 10.250 ligt, voor het tweede contract bij 10.260, enz.

De vraag die zich elke scalper zelf moet stellen is of hij de tijd heeft met dergelijke complexe exitstrategieën bezig te zijn of niet. Voor een daghandelaar of swingtrader kan de inzet van meerdere koersdoelen een interessante uitbreiding van de tradingmethode betekenen. Wanneer ik scalp probeer ik het zo eenvoudig als mogelijk te houden. Als de heikin ashi-candles een duidelijk signaal geven dat ik er uit moet sluit ik in het algemeen alle contracten. Bent u bijvoorbeeld met twee contracten short en er duikt een bullishe kaars op die een tegenbeweging inluidt, dan is het naar mijn mening beter om de volledige positie te sluiten. Laat u echter een contract in de markt, waar is dan het koersdoel hiervoor?

Het kan natuurlijk altijd dat de markt ondanks deze ene bullishe kaars blijft dalen en het tweede contract een nog grotere winst oplevert dan de eerste. Maar dat is verre van zeker. Vaak gebeurt het omgekeerde, en de trader moet zich bij het tweede contract tevreden geven met een kleinere winst. Dit is dan niet in de zin van de winstmaximalisatie.

Toch zou ik neutraal willen kijken naar de mogelijkheid van het scalpen met meerdere koersdoelen. Er zijn scalpers die er erg succesvol mee zijn. Maar houdt u in gedachten dat u ervaring nodig heeft om deze methode met succes toe te passen. Ik zou het niet willen zien als een gevorderd stadium van mijn methode. Voor sommige handelaren heeft deze techniek meer een psychologisch effect. Het streelt natuurlijk het ego (en de behoefte aan veiligheid) als men op weg naar het finale koersdoel voorzorgelijk al "iets" winst meeneemt. Daartegen bestaat er helemaal geen bezwaar. Maar deze oplossing lijkt me in de zin van het hoogst mogelijke rendement suboptimaal.

11. Wanneer u de Mini-DAX moet scalpen (en wanneer niet)

Kent u het ultieme beursgeheim? Nee? Het gaat niet over een specifieke strategie of truc. En het is zeker geen specifieke indicator of een verborgen markt die alleen ingewijden bekend is. Het meest onderschatte beursgeheim is te weten wanneer je naar de beurs moet gaan en wanneer niet. Deze vraag was voor mij zo belangrijk dat ik er zelfs een boekje over geschreven heb: "Trading is Flow Business". U vindt het hier.

Nu is de beste tijd om de DAX te scalpen algemeen bekend. Het is de Europese voormiddag, van 9.00 tot 12.00 uur. Dit is de tijd waarin de Europeanen "onder elkaar zijn". De Aziaten hebben hun handelsdag al beëindigd en de Amerikanen liggen nog in bed. Naar mijn ervaring vindt u hier de beste opportuniteiten om de Mini-DAX-Future te verhandelen.

Als u vertrouwd geraakt bent met de bewegingen die hier plaatsvinden, heeft u een goede kans om de DAX succesvol te verhandelen. De DAX is weliswaar geen gemakkelijke markt, maar hij biedt een trader vrijwel dagelijks voldoende volatiliteit. Er is dus voor elk wat wils. De mini bewegingen die ik heb aangegeven in de bovenstaande voorbeelden zult u hier voortdurend tegenkomen. Er valt altijd wel iets te scalpen. En het onlangs geïntroduceerde contract Mini DAX-Future is het ideale instrument om dit tegen professionele voorwaarden te doen.

Of u ook de **pre-market** (08.00-09.00 uur) moet verhandelen, hangt naar mijn mening van uw ervaring af. Houdt u er rekening mee dat de markt vaak met een "gap"(een koersgat) opent. Dit verlangt van handelaren die reeds een positie hebben eventueel een heroriëntering. Precies omwille van de lagere liquiditeit kan de pre-market soms zeer winstgevend zijn. De slechtere uitvoering van de orders zijn dan weer een argument ertegen.

Natuurlijk kunt u de Mini-DAX-Future ook 's namiddags scalpen . U mag echter niet vergeten dat vanaf 14.00 uur de Amerikaanse handelaren in de markt komen. Deze dames en heren hebben meestal hun eigen agenda. Niet zelden wordt het roer op de middag volledig omgegooid en er gebeurt het tegenovergestelde van wat je in de ochtendhandel zag. Ikzelf handel daarom 's middags met voorkeur de Amerikaanse futures en keer dan de volgende ochtend terug naar de DAX.

Vermijd scalpen als er belangrijk economisch nieuws wordt verwacht. Neemt u dan ook elke dag een kijkje op de economische kalender voordat u aan de slag gaat. Sluit uw posities een paar minuten voor de bekendmaking. En stap in de eerste minuten na de publicatie niet onmiddellijk terug in de markt. Let op wat er gebeurt en wacht liever op een goed setup.

In de uren voor belangrijke gebeurtenissen, zoals de rentebeslissingen van de ECB (en de daaropvolgende persconferenties) zult u vaak beleven dat de markt lusteloos en besluiteloos zijwaarts schommelt. U zult in deze uren dan ook weinig of geen goede setups vinden. Des te volatieler wordt het dan meestal zodra de persconferentie begint (14.30 uur in de regel). Vaak is het beter om dit evenement af te wachten en thee te drinken (of koffie zoals ik).

12 Handige tools om te scalpen

Hoewel scalpen geen market making is in de ware zin van het woord, draagt deze tradingstijl veel bij tot de liquiditeit van het orderboek. Scalpers zorgen er dus ook voor dat andere handelaren en beleggers hun orders tegen betere voorwaarden kunnen uitvoeren. Zelfs als dit niet hun tradingdoelstelling is, is het toch hun functie in het beursuniversum.

Dit betekent natuurlijk ook dat scalpers voor het openen en managen van hun orders met de meest geavanceerde technologie werken die ter beschikking staat. De snelle en efficiënte uitvoering van het ordermanagement ondersteunt de scalper in zijn streven naar precisie.

Zoals ik al meerdere malen elders heb verklaard, gaat het voor een scalper wel degelijk om elke tic. Elk punt, elke tic die hij door nauwkeurigheid meer kan realiseren verhoogt zijn winstgevendheid of maakt deze eerst mogelijk. Dit merkt men misschien niet bij een enkele trade. Maar als de scalper honderden transacties per week of per maand uitvoert, dan kan één enkele punt winst min of meer het onderscheid maken. Het kan uiteindelijk het verschil betekenen tussen een winstgevende of niet-winstgevende business. Heeft hij een onnauwkeurige executie op één enkele trade, dan is dit nog geen ramp. Doet hij echter maandelijks duizenden transacties, dan betekent een tic min of meer een hoop geld in een futuresmarkt zoals de Mini-DAX.

Om dit niveau van professionaliteit te bereiken, moet de scalper toegang hebben tot de meest geavanceerde instrumenten die hij kan vinden. De inzet van deze instrumenten optimaliseert zijn efficiëntie in de dagelijkse handel aanzienlijk. De meest geavanceerde platform die ik ken is de **NanoTrader** van de Luxemburgse broker **WHSelfinvest**. Dit platform bezit alle benodigde gereedschappen en instrumenten om de Mini-DAX-Future efficiënt te scalpen. Ik wil hier enkele van de belangrijkste functies van dit platform voorstellen.

A. orders plaatsen

Afbeelding 13: Het plaatsen van orders vanuit het orderboek

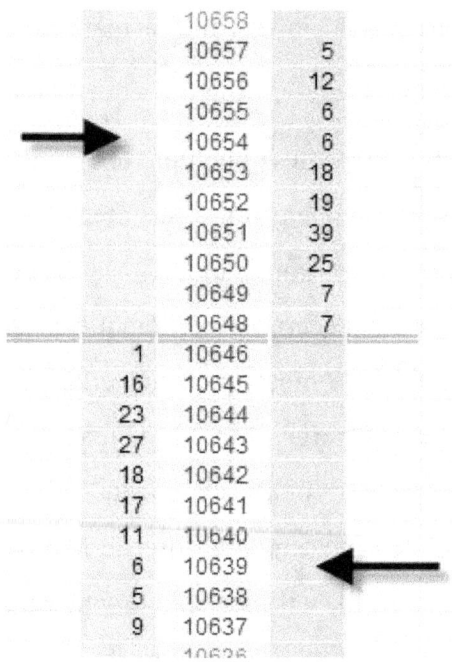

Het **orderboek** is als het ware de "point of sale" van een markt. Het is de plaats waar kopers en verkopers bij elkaar komen en het eens worden over een prijs. In de moderne futuresmarkten, zoals de Mini-DAX-Future, bestaan er slechts elektronische orderboeken. Hierboven ziet u een screenshot van het Mini-DAX orderboek van 23 december 2015.

In de **linkerkolom** ziet u de **BIDs**. Dit is de lijst van het aantal contracten die kopers bereid zijn om te kopen tegen een bepaalde prijs. Bij de huidige prijs van 10.646 was er op het ogenblik van de opname slechts 1 koper bereid om 1 contract te kopen. Voor volgend beste prijs 10.645 waren kopers echter bereid om 16 contracten te kopen.

In de **rechterkolom** ziet u de **ASKs**. Dit is een overzicht van het aantal contracten die verkopers bereid zijn om te verkopen tegen een bepaalde prijs. Voor de actuele laagste prijs van 10.648 waren verkopers bereid 7 contracten te verkopen.

Met een rechtsklik in de **linkerkolom** (het Bid) kan een scalper nu een koop stop aan een prijs van 10.654 plaatsen (linke pijl). Wil de scalper aan de huidige marktprijs kopen kan dit via een links-klik. In dit geval gebeurt dit in de linkerkolom naast het getal 10648. Dan koopt hij tegen deze prijs één of meer van de 7 aangeboden contracten. Verwacht hij echter dat de markt verder zal dalen, dan kan hij uiteraard met een links-klik in de linkerkolom een limiet-koop-order opgeven, bijvoorbeeld tegen een prijs van 10.641.

Wil hij daarentegen verkopen, dan kan hij dit direct doen tegen de marktprijs met een links-klik in de **rechterkolom** (de Ask). Hij zou dan een contract verkopen aan de ene koper tegen de prijs van 10.646. Wil hij aan een lagere prijs verkopen, kan hij dit met een verkoops-stop doen tegen de prijs van 10.639 (pijl rechtsonder) Hij kan natuurlijk ook tegen een hogere prijs met een linksklik een verkoopslimiet plaatsen, bijvoorbeeld tegen een prijs van 10.655.

De observatie van het orderboek is in tegenstelling tot andere scalpingmethodes bij de heikin ashi-techniek niet noodzakelijk. Het heeft echter het voordeel dat de scalper alle mogelijk marktgegevens ter beschikking staan waarop hij vervolgens met een muisklik kan reageren.

B. orders plaatsen en sluiten

Afbeelding 14 orders plaatsen en sluiten

Op afbeelding 14 heb ik met een enkele klik in het orderboek
een contract in de Mini-DAX-Future gekocht tegen een prijs

van 10.729 (pijl). Aangezien de markt ondertussen verder gestegen is (nu naar 10.733 punten, dit ziet u in de linkerbovenhoek van de afbeelding) had ik op het ogenblik van de screenshot een kleine winst van 4 tics, dus 20 euro.

Het platform heeft voor het openen en sluiten van orders nog een aantal andere functies ter beschikking. De scalper kan met één klik via een marktorder contracten kopen en verkopen (links onderaan, onder order volume: Buy 1 Market, Sell 1 market).

De buttons +1, -1 en x2 maken het mogelijk om het aantal contracten te verhogen. Met de kleine pijl onder de +1-button kunt u uw positie draaien. Dit betekent dat de actuele positie automatisch gesloten wordt en de omgekeerde positie wordt geopend.

De button Close and Cancel sluit de actuele positie en annuleert alle uitstaande orders. De button Cancel Asks annuleert alle orders in de Ask en de button Cancel Bids annuleert alle orders in de BID. Met de button Auto Ask kan de scalper zelfs een limiet verkoop op de ask-prijs zetten. En met de button Auto Bid een kooplimiet op de BID-prijs.

C. Het beheer van openstaande orders

Afbeelding 15: Het beheer van openstaande orders

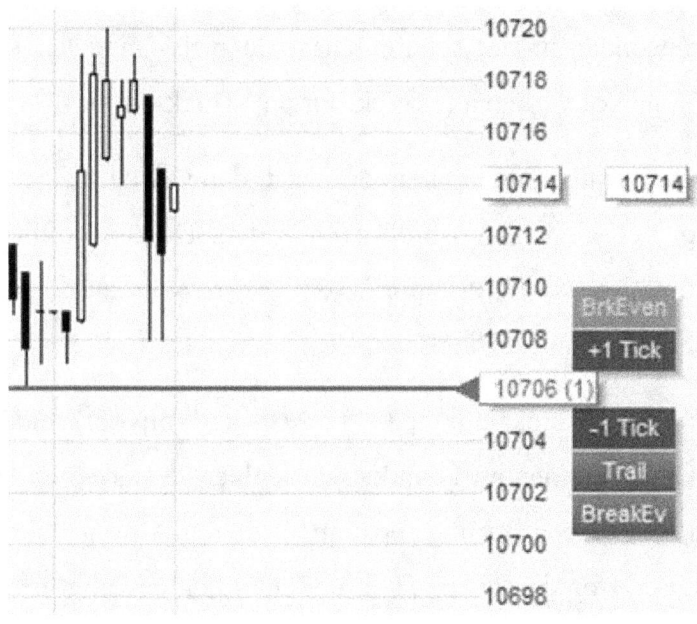

Van zodra de positie in de markt is, begint het beheer van alle open orders die de positie vergezellen. Als voorbeeld (afbeelding 15) toon ik hier een stop-order die een kooppositie beschermt. De kooppositie werd geopend aan een prijs van 10.714 en werd door een stop beschermd (horizontale rode lijn op de grafiek). De stop staat op dit moment aan een prijs van 10.706, dat wil zeggen 8 tics dieper.

De scalper heeft verschillende mogelijkheden om de stop-order te beheren. Hij kan de stop dankzij een **tactic-tool** (rechtsonder in het scherm naast de prijs) met één klik verhogen of verlagen (+1 tick-button, -1 tick-button).

Staat de trade voldoende in de winst, dan kan de scalper de stop met één klik op breakeven zetten. De stop komt zo automatisch op de instapprijs. Op die manier kan de trade niet meer in het verlies gaan.

Als de marktomstandigheden het toestaan (bijvoorbeeld bij een sterk momentum) dan kan de scalper de vaste stop met één klik in een trailingstop transformeren. Op die manier volgt de stop de dynamiek van de markt en beveiligt het de opgelopen winst.

D. De trailingstop

Afbeelding 16: de trailing stop als instrument der winstmaximalisering

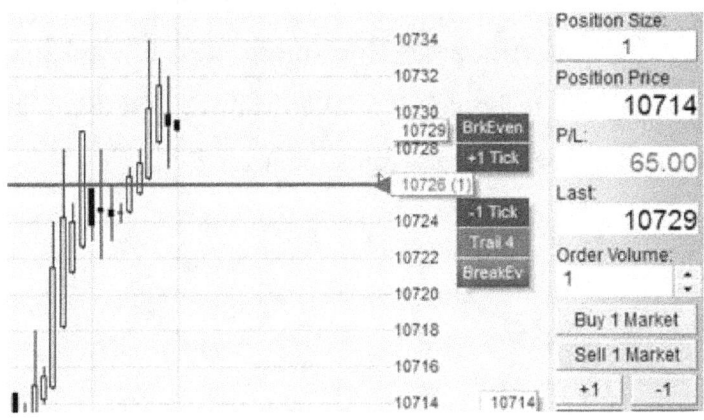

De transformatie van de vaste stop in een trailingstop was in het bovenstaande voorbeeld (afbeelding 15) mogelijk. Nadat de positie 15 tics in de winst stond, heb ik met één muisklik de trailingfunctie geactiveerd en op 4 tics van de actuele prijs ingesteld (nu op 10.726, zie afbeelding 16).

Ik heb de positie weliswaar nog niet gesloten, maar ervoor gezorgd dat er maar weinig winst weer zou worden teruggegeven aan de markt. De trailingstop maakt natuurlijk verdere winst mogelijk indien de markt verder zou blijven stijgen. Deze functie is mijns insziens vooral aan het einde van een sterke trend zinvol, omdat het er nu op aankomt de oogst binnen te halen.

Al deze functies hebben als doelstelling de scalper in zijn streven naar winstmaximalisatie en verliesbeperking te ondersteunen. Zoals reeds gezegd, het komt er wel degelijk op de enkele tic aan. Hoe meer tics u dankzij de geavanceerde technologie in de Mini-DAX-Future kunt verzekeren, hoe hoger uw rendement zal zijn.

13. Verschillende stopsoorten

Scalpers die hun handelstijl serieus nemen zullen vroeg of laat over het stopthema moeten nadenken. De stop-order heeft twee functies. U kunt er een positie mee openen (stop buy of stop sell) en u kunt er een positie automatisch mee sluiten zodra er in de markt een bepaald prijsniveau wordt bereikt.

De tweede functie is belangrijk omdat het de positie beschermt tegenover een groter kapitaalverlies. Stops behoren daarom tot de belangrijkste instrumenten van het risicobeheer.

Naast de beveiliging van het tradingkapitaal heeft de stop ook nog een heel andere functie, namelijk de bescherming van de opgelopen winst. Ten eerste moet de scalper de stop zo snel als mogleijk op breakeven zetten (op de instapprijs) zodat de trade niet meer in het verlies kan gaan. De stop verkrijgt dan de functie van de winstbescherming van zodra de scalper hem handmatig optrekt om zo steeds meer winst te verzekeren.

Nu is er geen bezwaar tegen het handmatig managen van een stop. Voor daghandelaren of swingtraders vormt dit geen probleem. Ze kunnen gebruik maken van relevante swinglevels in een trendmarkt om een nieuwe stoppositie te vinden. Scalpers daarentegen die meestal met zeer snelle markten te maken hebben, benutten beter professionele instrumenten. Deze verschaffen hen bovendien een voordeel tegenover de concurrentie.

Ik presenteer nu een aantal **automatische stop-orders** die de broker **WHSelfinvest** op zijn platform **NanoTrader** ter beschikking stelt. Deze stop-orders werden speciaal ontwikkeld om in in snelle markten te scalpen. Ze zijn vandaar een interessante bijdrage aan het instrumentarium van de scalper.

Natuurlijk kunt u zonder deze hulpmiddelen scalpen. Maar waarom zou u afstand doen van tools die u een duidelijk voordeel ten opzichte van andere marktdeelnemers geven?

A. De vaste stop

Elke trader kent de **vaste of fixe stop**. Het is de klassieke stoploss-order, die dient om verlies in een open positie vanaf het begin te beperken. Opent de scalper een longpositie in de Mini-DAX-Futures op 10.200 punten en zet hij een vaste stop op 10.990 punten, dan wordt de positie automatisch gesloten wanneer de markt 10 punten daalt. Deze stop is, zoals de naam uitdrukt, vast en blijft op het ingestelde prijsniveau in de markt staan totdat de trader de order annuleert of de markt dit prijsniveau bereikt. Niettemin kan de trader op elk ogenblik het prijsniveau van de vaste stop veranderen. Hij kan hem bijvoorbeeld 5 punten hoger zetten op 10.195 van zodra de markt 5 punten is gestegen (naar 10.205).

Ik zelf favoriseer deze methode. Ik wil dat de Mini-DAX-Future, zodra ik een positie geopend heb, in mijn richting gaat. Is dit het geval, dan begin ik het risico te minimaliseren. Stijgt de Mini-DAX-Futures verder naar 10.210 punten, dan zet ik de vaste stop op breakeven. Deze maatregel zorgt ervoor dat de trade niet meer in het verlies kan gaan. Ik reken deze maatregel tot de goede tradinggewoontes.

Men kan de vaste stop natuurlijk verder naar boven schuiven (of bij short- posities naar beneden) indien de markt verder stijgt. Daarmee beveiligt de scalper althans een deel van de opgebouwde winst. Uiteindelijk zal de stop door de markt worden geraakt en wordt de positie automatisch gesloten. In veel gevallen volstaat het handmatige beheer van een vaste stop. Toch zou een scalper vertrouwd moeten zijn met semi-automatische stopfuncties zoals de volgende drie.

B. De trailing stop

Wie de stopt niet handmatig wil beheren, kan beroep doen op de **trailingstop**. Ik heb deze stopsoort in het vorige hoofdstuk bij het veiligstellen van de winst reeds besproken. Zodra zich de markt in de gewenste richting beweegt, volgt de trailing-stop automatisch op een bepaalde afstand. De trader kan deze afstand naar believen veranderen. Beweegt zich de markt tijdelijk in de andere richting, zal de trailingstop op het laatste level blijven staan totdat zich de markt weer in de gewenste richting beweegt. De trailingstop beweegt zich dan eerst een punt verder als het vorige level wordt overschreden.

Het voordeel van een trailing stop is nu dat hij, in tegenstelling tot de vaste stop, automatisch boven de instapprijs stijgt indien de markt hoger stijgt dan de afstand tussen de instapprijs en de oorspronkelijk vastgelegde trailingstop. De trailingstop volgt dan de koers zolang deze in de gewenste richting verder stijgt (of daalt bij een shortpositie). De trailingstop heeft dus twee functies. Enerzijds beperkt hij het verlies door de marktprijs te volgen wanneer deze in de gewenste richting gaat. Aan de andere kant beveiligt hij de opgelopen winst indien zich de koers verder in het voordeel van de trader ontwikkelt.

De trailingstop automatiseert dus het beheer van de positie en maakt het handmatig beheren van een vaste stop overbodig.

De trailingstop is voor bepaalde tradingstrategieën zeker een nuttig instrument. Om te scalpen kan hij echter maar voorwaardelijk worden gebruikt. De reden hiervoor is de onvoorspelbare volatiliteit in het microbereik van het scalpen. Het is moeilijk om een vaste waarde te vinden waarbij van de trailingstop "optimaal" gebruik kan worden gemaakt. Ten minste bij het "normale scalpen" kon ik tot nu toe geen toegevoegde waarde voor het gebruik van trailingstops vaststellen. Te vaak wordt de positie door de trailingstop uit de markt genomen, terwijl dit niet noodzakelijk was als je naar de heikin ashi-grafiek kijkt.

De trailingstop is mijns inziens een meerwaarde bij posities die al ver in de winst staan (zoals op afbeelding 16). In de Mini-DAX-Futures is dit meestal een opgelopen winst van 20 punten of meer. Hier zet ik tegen het (geschatte) einde van de beweging graag een trailingstop in met een kleine afstand tot de actuele koers om het maximum uit de beweging te halen. Natuurlijk zijn deze scalp-trades de hoogtepunten van de week. Helaas komen ze slechts af en toe voor. Maar ze verbeteren mijn prestaties wel aanzienlijk.

C. De lineaire Stop

Afbeelding 17: De lineaire Stop

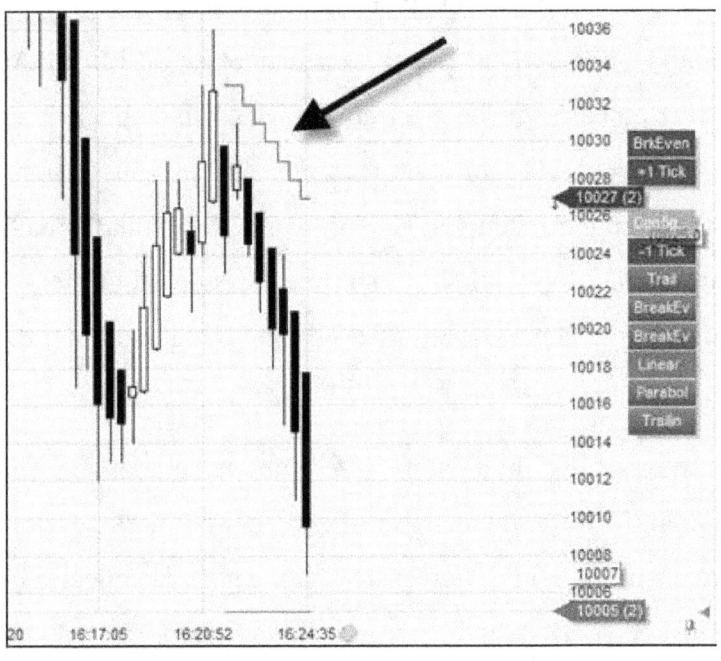

Een heel ander stoptype is de **lineaire stop**, die bij mijn weten alleen de broker WHSelfinvest aanbiedt. In tegenstelling tot de trailingstop volgt de lineaire stop niet de marktprijs, maar wordt voor elke periode op een bepaalde afstand opgetrokken. Scalpt een handelaar de Mini-DAX-Future op basis van de 1-minuut-grafiek kan de lineaire stop bijvoorbeeld elke minuut met een factor van 2 punten worden opgetrokken. Dit gebeurt dan volledig onafhankelijk van de marktontwikkeling. De lineaire stop stijgt met elke periode met een vaste waarde. Hij ziet er dus op de grafiek uit als een klein trapje (afbeelding 17).

Ik persoonlijk hou van deze functie omdat ze mijn scalpingfilosofie ondersteunt. Ik wil dat de markt, zodra ik een positie heb, in de gewenste richting gaat. De lineaire stop brengt een belangrijk tijdcomponent in het stopmanagement. De ervaring leert namelijk dat hoe langer een positie nodig heeft om in de winst te gaan, hoe onwaarschijnlijker dit scenario intreedt.

De lineaire stop ondersteunt me automatisch in dit streven. Dit is vooral belangrijk als de markt een aantal minuten onzeker zijwaarts gaat en de verwachte beweging niet in gang komt. Dan heb ik graag een stop die de positie automatisch na een aantal periodes (minuten) uit de markt haalt. Met andere woorden: de lineaire stop helpt me in mijn streven naar discipline!

D. De tijdstop

De radicale variant van de lineaire stop is de **tijdstop**. Zoals de naam al laat vermoeden, werkt de tijd stop binnen een tijdslimiet. Hij sluit de positie na een vooraf ingesteld aantal periodes automatisch. Dit gebeurt ongeacht de ontwikkeling van de markt. Dit klinkt in eerste instantie als een zeer strenge maatregel, maar nogmaals, de ervaring leert dat een trade die na een bepaalde tijd het verwachte scenario niet inlost in de meeste gevallen het best wordt gesloten, onafhankelijk van winst of verlies.

Een scalper in de Mini-DAX-Future zou bijvoorbeeld de ervaring kunnen hebben dat het grootste deel van zijn winstposities na minder dan 8 minuten wordt gesloten. Zou het dan niet zinvol zijn om deze tijdsperiode automatisch in het systeem te installeren? Natuurlijk experimenteert u beter eerst met deze functie vooraleer u ze daadwerkelijk in het systeem implementeert. Maar de voordelen van dit stoptype liggen mijns inziens voor de hand in het snelle scalpingspel.

Bovendien sluit deze stop de positie tegen de actuele marktprijs. Zodoende hoeft de markt niet eerst terug te komen (en dus een deel van de winsten weer af te geven). Natuurlijk bestaat het risico dat de trade te vroeg wordt gesloten en daardoor potentiële winst verloren gaat. Hier bestaat echter de mogelijkheid dat de trader de tijd stop annuleert en vervangt door een ander stoptype.

Ik moet bij deze stop echter een waarschuwing uitspreken. Aangezien de tijd stop geen vooropgezet prijsniveau heeft, brengt hij natuurlijk een onbeperkt risico met zich mee. Hij moet derhalve vanaf het begin met ten minste één extra stopfunctie gecombineerd of verbonden worden, zodat dit scenario niet optreedt. Dit kan bijvoorbeeld een vaste stop of een trailingstop zijn.

E. de paraboolstop

Afbeelding 18: paraboolstop

Een bijzonder geraffineerde variant is de **paraboolstop**. De naam suggereert het al. Deze stop krijgt, als hij zich ten volle kan ontplooien, de vorm van een parabool. Het aantal periodes, de mate van inclinatie en de maximale helling zet de trader op voorhand vast. Natuurlijk vereist deze functie enige oefening op een demo-account totdat u de optimale instelling voor de Mini-DAX-Future vindt.

Het idee hierachter is dat een goede marktbeweging vroeg of laat momentum opneemt en de prijsontwikkeling in de tijd "versnelt". De paraboolstop speelt op dit gegeven in doordat de factor van de stijging wordt opgetrokken totdat de maximale inclinatie is bereikt. Hij is heel geschikt voor snelle bewegingen, wat nu juist het gebied van de scalper is.

E. stop orders combineren

Het is een bijzondere eigenschap van de Nanotrader van WHSelfinvest, dat het platform een open architectuur heeft. Talloze functies kunnen met elkaar worden gecombineerd. De scalper kan dit voordeel benutten. Hij kan zijn exitstrategie dermate optimaliseren totdat hij het beste van alle opties verkrijgt. De hier voorgestelde stop-orders kunnen allemaal met elkaar worden gecombineerd. Een voorbeeld heb ik reeds vermeld. Het nadeel van de tijd stop (ongelimiteerd risico) kan worden geneutraliseerd door een eenvoudige combinatie met een vaste stop.

Maar er zijn nog interessante combinaties denkbaar. Men kan bijvoorbeeld de trailingstop met een tijdstop combineren. In een zijwaartse beweging blijft de trailingstop op een bepaald niveau staan. Wordt de trailingstop nu met een tijdstop gecombineerd, dan sluit deze de positie met de actuele marktprijs voordat de koers terug naar het niveau van de trailingstop daalt.

F. multiple stops en multiple targets

De Nanotrader is het enige tradingplatform waarmee u in verschillende stappen in en uit de markt kunt. Bent u bijvoorbeeld 3 contracten long in de Mini-DAX-Future met een prijs van 9000 punten, dan kunt u voor elk contract een verkoopsorder tegen een andere prijs zetten. Dat ziet er dan bijvoorbeeld als volgt uit:

Contract 1 koersdoel: 9010

Contract 2 koersdoel: 9015

Contract 3 koersdoel: 9020

Stel dat het koersdoel voor contract 1 is bereikt. U bent nu nog met 2 contracten long, met respectievelijke koersdoelen van 9015 en 9020. De stop-order past zich dan dienovereenkomstig aan de overige contracten aan.

15. Geld wordt op de beurs met exitstrate-gieën verdiend!

Ik hoop dat ik met deze uitweiding over de verschillende stopfuncties kon aantonen welke mogelijkheden tegenwoordig dankzij moderne technologie ter beschikking van de trader staan. Uiteindelijk moet de trader een eigen exitstrategie ontwikkelen die het best bij de werkwijze en zijn persoonlijkheid past.

Velen zullen het bij een vaste stop houden. Maar andere traders kunnen profiteren van een lineaire of van een paraboolstop. Denkbaar is natuurlijk ook dat geavanceerde traders verschillende stopfuncties afhankelijk van de marktomstandigheden combineren. Het doel moet echter altijd zijn om de winst te optimaliseren en het verlies te minimaliseren.

Zelfs zeer ervaren handelaren leren altijd iets nieuws bij. Exitstrategieën behoren tot het moeilijkste deel van de beurshandel. Per slot van rekening wordt hier het geld verdiend (en niet bij de instapsignalen, wat de overgrote meerderheid van de beginners denkt). Een efficiënte exitmethode moet uiteindelijk worden uitgewerkt door elke handelaar zelf. Een boek als dit kan alleen maar suggesties geven. Een definitieve uitspraak hoe en wanneer een positie te sluiten valt kan ik hier niet geven. Elke marktsituatie is anders en de interne structuur van de markt is voortdurend in beweging.

Een handelaar of scalper is dus iemand die permanent aan zijn exitstrategie werkt. Het is cruciaal dat de scalper de beschikbare tradinginstrumenten bijna onbewust kan inzetten. De volledige concentratie ligt dan op het marktgebeuren en niet de technologie. Alleen die handelingen die je automatisch kan uitvoeren, omdat je het al vaak hebt gedaan, kunnen als echte ervaring worden beschouwd. Ervaren handelaren hoeven er niet lang over na te denken om een winnende positie te beveiligen door het optrekken van een stop of de inbreng van een trailingstop. Ze doen het gewoon.

16. Verdere ontwikkeling van marktana-lyse

U heeft in dit boek een aantal instrumenten leren kennen waarmee u heel precies kunt scalpen. Alhoewel scalpen in eerste instantie een mentale vaardigheid is, is het toch de moeite waard om een blik te werpen op wat de computertechnologie aan aanvullende informatie te bieden heeft.

A. Key Price Levels

Het staat buiten kijf dat de marktdeelnemers bepaalde prijsniveaus van de afgelopen handelsdagen ook op de huidige handelsdag in het oog houden. Deze levels dienen de trader als een soort oriëntatie. En afhankelijk van de sterkte of zwakte van de dag fungeren ze als steun of weerstand.

Het instrument **"Key Price Levels"** is voornamelijk gebaseerd op drie relevante sleutelniveaus:

- De initialbalance (range in de future tussen 8.00 uur en 9.00 uur)

- Het evenwichtsniveau van een sessie

- De waardezone (Value Zones) van de markt

Belangrijke niveaus zijn onder andere:

- Open: openingsprijs van de futures

- Close: slotkoers van de futures

- Ondergrens van de range van het eerste uur (initial balance)

- Bovengrens van de range van het eerste uur (initial balance)

- Equilibrium: de dichtste accumulatie van mogelijke prijsniveaus

- Onderste grenswaarde van de value-zone (70% van de meeste prijsnoteringen)

- Bovengrens van de value-zone (70% van de meeste prijsnoteringen)

Afbeelding 19: Key Price Levels

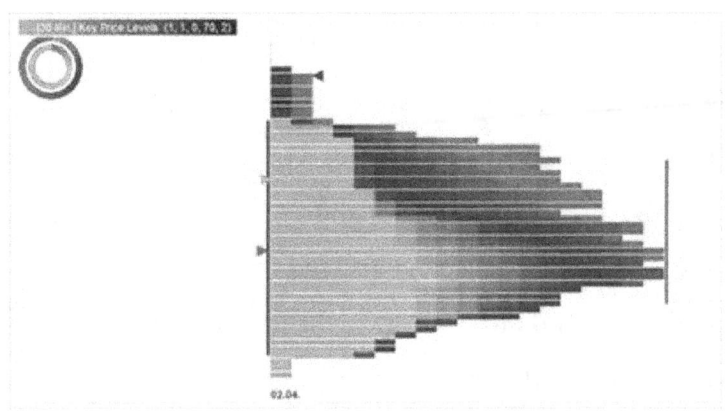

Het programma "Key Price Levels" berekent al deze gegevens automatisch en projecteert dan het resultaat gecomprimeerd op de grafiek. Op deze manier verkrijgt de trader een evaluatie op basis van een **Gauss-verdeling** van prijsnoteringen van de vorige dag (statistisch normale verdeling of bell curve).

De handelaar ontvangt op deze manier zeer waardevolle informatie met betrekking tot de uitgevoerde orders van de vorige dag. In combinatie met andere informatiebronnen zoals histogrammen of Time & Sales laten deze gegevens conclusies over mogelijke handelniveaus toe.

B. LiveStatistics

Tal van trader beslissen "naar gevoel" of ze long of short gaan. Men kan dit volgens bepaalde regels doen, zoals het bijvoorbeeld bij mijn methode het geval is. De handelsbeslissing baseert vervolgens op basis van de "ervaring" van de trader. Hij probeert "zo goed als hij kan" toekomstige marktbewegingen te anticiperen.

Voor sommige handelaren volstaat deze informatie niet om handelssignalen te genereren. Ze willen informatie die gebaseerd is op een statistische analyse van een grote hoeveelheid gegevens uit het verleden. Voor deze handelaren kan het tool **LiveStatistics** als bijkomende informatie interessant zijn.

Live-Statistics onderzoekt hoe vaak vergelijkbare formaties in het verleden zijn opgetreden. Dit betekent dat alle gevallen uit het verleden in elke situatie opnieuw in real time worden geanalyseerd! Op basis van deze historische prijsanalyse worden op de grafiek prognoses voor de actuele koers geprojecteerd.

Afbeelding 20: LiveStatistics in de Mini-DAX-Future

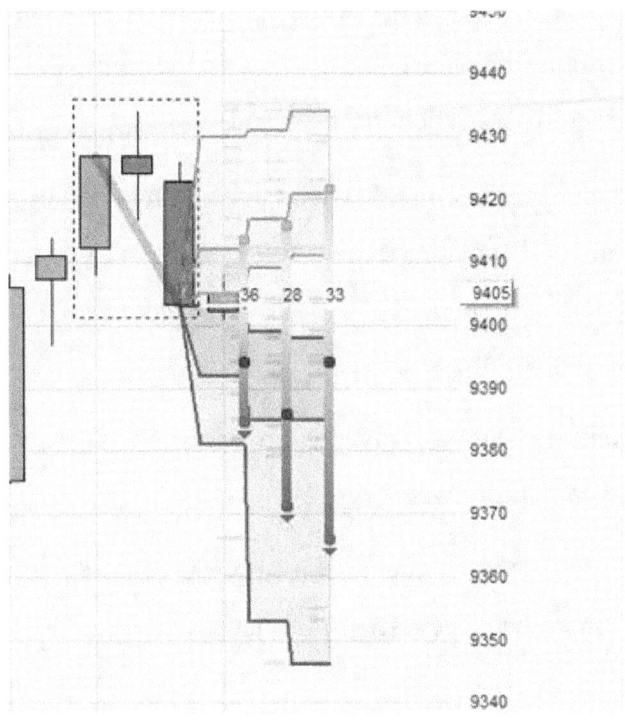

LiveStatistics projecteert in dit voorbeeld in de Mini-DAX-Future potentiële prijsniveaus die de koers, gebaseerd op een hoeveelheid soortgelijke gevallen, in het verleden zou kunnen bereiken. Bovendien laat het ook zien hoe vaak deze gevallen zijn voorgekomen. Op die manier bezit de trader empirische gegevens over een hele reeks gebeurtenissen uit het verleden.

Natuurlijk kan ook deze tool de toekomst niet voorspellen, maar het verschaft een traderdata met een waarschijnlijkheidsinschatting. Dit is vele gevallen nuttig om verschillende redenen:

- De trader krijgt een realistische inschatting hoe ver zich de koers in een bepaalde periode zou kunnen ontwikkelen. Dit vermijdt onrealistische verwachtingen over de koersontwikkeling.

- Inschatting van stop-niveaus en koersdoel. Deze niveaus worden in het tool weergegeven.

- De gegevens kunnen een signaal dat de strategie gegenereerd heeft bevestigen of niet.

Slotwoord

Ik hoop, geachte lezer, dat ik u met dit boek voldoende informatie heb gegeven om de Mini-DAX-Future te kunnen scalpen. Indien u over dit onderwerp nog vragen heeft kunt u mij altijd via e-mail bereiken.

Ik dank u, geachte lezer, voor het kopen van dit boek en wens u veel succes bij het scalpen!

Heiken Ashi Trader

pdevaere@yahoo.de

Verklarende woordenlijst

Aandelen-index: maatstaf voor de prestaties van de aandelenmarkt als geheel of een groep individuele aandelen. (bijvoorbeeld DAX, AEX, BEL20).

Ask: Engelse term voor verkoopkoers

Bid: Engels voor aankoopprijs

Breakeven: Engels voor rentabiliteitsdrempel

Candlestick: Weergave van koerswijzigingen aan de hand van een Japanse analysetechniek

Countertrend: tegenbeweging binnen de hooftrend

DAX: Duitse aandelenindex

Doji: Candlestick-formatie waarbij openingkoers en slotkoers op hetzelfde niveau liggen.

Entry-strategie: Een strategie die de instap in een markt bepaalt.

E-Mini futures: futures-contract op de Amerikaanse index SP500

Eurex: European Exchange, elektronische futuresbeurs in Frankurt waarop futures en opties worden verhandeld.

Exit-Strategie: Een strategie die het sluiten van een positie bepaalt.

Expiratiedatum: vervaldatum van een derivaat.

Forex: Forex Exchange Market, de internationale valutamarkt

Voortzettingspatroon: Onderbreking in een trend, waarna aan het einde de trend wordt hervat.

Futures: Gestandaardiseerd contract over de koop of verkoop van een bepaalde hoeveelheid van een grondstof tegen een bepaalde prijs op een bepaalde datum.

Gap: koersgat tussen twee beursdagen

Heikin Ashi: Japans voor "balanceren op een voet"; Japanse weergave van koerswijzigingen.

Hexensabbat: Vervaldatum, waarop termijncontracten zoals futures en opties op een derivatenbeurs vervallen.

Indicator: Kengetal in de technische analyse, ontworpen om koersbewegingen van effecten te interpreteren.

Commissies: Kosten voor de aankoop en verkoop van effecten of termijncontracten.

Contractwaarde: Uitgedrukte waarde van de kleinste prijsverandering in een future in euro.

Ook: waarde, die verwijst naar een optie of een future.

Limiet order: order met een vaste prijs en/of een vaste tijd voor de uitvoering.

Lineaire stop: Een automatische stop-order, die elke periode op een bepaalde afstand van de instapprijs wordt opgetrokken.

Liquiditeit: Beschrijft op de beurs de mate waarin een effect op elk gewenst moment kan worden gekocht en verkocht.

Long: long zijn betekent effecten te hebben gekocht en dus te bezitten.

Margin: Waarborg die een belegger moet garanderen voor de aankoop van een termijncontract.

Market Maker: Banken of effecteninstellingen die de verplichting op zich nemen om op elk gewenst moment voor één of meerdere effecten een bepaalde hoeveelheid aan- en verkoopprijzen te garanderen.

Mini Dow: futurescontract op de Amerikaanse Dow Jones Industrials Index

Momentum: Het momentum informeert de belegger over het tempo en de kracht van een koersbeweging.

Multiple targets: Verschillende koersdoelen voor individuele contracten.

Opportuniteitsfactor: Factor die het aantal handelsmogelijkheden binnen een bepaalde periode mogelijk maakt.

Orderboek: Hulpboek van een makelaar, waarin alle voor de koersontwikkeling relevante koop- en verkooporders van een effect worden verzameld. Tegenwoordig meestal elektronisch.

Paraboolstop: De parabool stop trekt het activeringsniveau van periode tot periode dichter bij de koers op. Dit veroorzaakt de karakteristieke parabolische curve.

Payoff ratio: Verhouding van de gemiddelde winst tot het gemiddelde verlies.

Re-Entry: Hernieuwde instap in een positie na een mislukte poging.

RRR: rRisk-reward ratio (kans-risico-verhouding).

Short-positie: Een trader is short wanneer hij een positie verkoopt zonder deze te bezitten.

Slippage: Het verschil tussen de geschatte en de werkelijke prijs bij de aankoop van effecten.

Spinning Top: grafiekpatroon met een klein lichaam en lange schaduwen.

Spread: Het verschil tussen bied- en laatprijs

Stop loss order: een bestensverkooporder die wordt uitgevoerd zodra een bepaalde prijs is bereikt.

Termijnmarkt: De plaats waar vraag en aanbod van futures-transacties elkaar ontmoeten.

Tic: kleinste verandering in de prijs van een termijnmarkt.

Time & Sales: Compleet overzicht van alle koop- en verkooporders van een markt.

Trailing stop: Automatische stop-loss-order.

Trend following: Tradingstrategie die zich richt op het volgen van een eenmaal geïdentificeerd trend.

Trenddag: Handelsdag op de beurs die wordt gekenmerkt door een duidelijk herkenbare trend.

Underlying: Engels voor basisinstrument.

Volatiliteit: Standaarddeviatie; geeft aan hoe sterk een koers schommelt.

Economische Kalender: Kalender met prijsgevoelige deadlines.

Tijdstop: Deze order sluit een positie na een vastgezette aantal periodes automatisch.

Rentebesluit: Beschrijft een evenement, waarop de centrale bank de beslissing over de toekomstige koers van de rente aankondigt.

Meer Boeken van Heikin Ashi Trader

Swingtrading met de 4-uurgrafiek

Deel 1: inleiding in de swingtrading

Swingtrading is voor beleggers te snel, voor daytraders te traag. Het vindt plaats

in een periode waar je maar heel weinig traders aantreft.

Swingtraders gebruiken normaal gezien 4-uurgrafieken. Deze periode valt precies

tussen die van de beleggers en die van de daytraders. Als swingtrader ben je geneigd om op het hek te zitten, en dat is goed, want daar ben je bijna alleen.

Dit e-book beschrijft de swingtrading methode van de Heikin Ashi Trader. Deze is

uitermate geschikt voor private beleggers die niet de hele dag aan hun

beeldscherm gekluisterd willen zijn.

Inhoud:

1. Waarom swingtrading?

2. Waarom je met de 4-uurgrafiek moet handelen

3. Welke markten zijn geschikt voor swingtrading?

4. Welke instrumenten kan je wisselen?

5. Swingtrading setups

A. Ondersteuning en weerstand

B. Dubbele top en dubbele bodem

C. Uitbraken

D: Vlaggen en wimpels

6. Money management

7. Waarom heb je een handelsdagboek nodig?

8. Waar gaat het om?

Andere boeken van Heikin Ashi Trader

Over de auteur

Scalpen is leuk!

Traden met de Heikin Ashi-grafiek

Scalpen is de snelste manier om geld te verdienen op de beurs. Er is nauwelijks een methode die het kapitaal van een trader effectiever kan beheren. Waarom dit zo is vertelt de Heikin Ashi Trader in dit e-book over Scalpen.

Zijn methode is zeer gemakkelijk te begrijpen en onmiddellijk van toepassing. Het is universeel en werkt in alle markten. De Heikin Ashi Trader gebruikt heikin ashi-grafieken om te Scalpen. Dit is een oud Japanse grafiek-type dat het verloop van een markt zeer visueel weergeeft.

Heikin ashi-grafieken kunnen bovendien trends duidelijker dan de gebruikelijke candlestick-grafieken weergeven. Ze tonen ook consolidaties en draaipunten beter en duidelijk dan in andere grafiek-types.

Deze zeer effectieve scalping-strategie kan worden toegepast op zeer korte tijdseenheden, zoals op de 1-minuut-grafiek en ook op hogere timeframes. U kunt deze universele methode in aandelenindices en op de valutamarkten traden. Typische instrumenten zijn futures, valuta en CFD's.

Inhoud:

Over de auteur

Heikin Ashi Trader wordt wereldwijd gezien als de specialist in scalping met de Heikin Ashi grafiek. Hij handelt al 19 jaar op deze manier. Hij werkte voor een hedgefonds en ging daarna op eigen houtje Zijn scalpingboek "Scalpen is leuk!" is een internationale bestseller en werd meer dan 30.000 keer verkocht. Meer informatie over zijn scalpingmethode vindt u op zijn website: www.heikinashitrader.net.

Colofon

Tekst: © Copyright by Heikin Ashi Trader

Swiss Post Box 106287

Zürcherstrasse 161

CH-8010 Zürich

Zwitserland

Alle rechten voorbehouden

Publicatiedatum: 11.04.2016

www.ingramcontent.com/pod-product-compliance
Lightning Source LLC
Chambersburg PA
CBHW071822200526
45169CB00018B/594